Geschichten von Luise Holthausen,
Dagmar Hoßfeld und Ulrike Sauerhöfer.
Mit Bildern von Stefanie Dahle, Pia Eisenbarth,
Antje Flad und Marina Rachner.

© 2011 Esslinger Verlag J. F. Schreiber
Anschrift: Postfach 10 03 25, 73703 Esslingen
www.esslinger-verlag.de
Alle Rechte vorbehalten
ISBN 978-3-480-22831-7

Spannende Vorleseabenteuer

Für Jungen

esslinger

Inhaltsverzeichnis

Leo und die Brandstifter D. Hoßfeld • A. Flad 9

Schatzhüter und Schatzsucher L. Holthausen • S. Dahle 15

Flori und Jule können Freunde sein L. Holthausen • A. Flad 21

Das Zauberschwert L. Holthausen • P. Eisenbarth 27

Der bärenstarke Willibald U. Sauerhöfer • P. Eisenbarth 33

Wie Ritter Leopold den bösen Troll besiegte L. Holthausen • S. Dahle 39

Oma Friedas Zugfahrt U. Sauerhöfer • M. Rachner 47

Thorolf der Fürchterliche L. Holthausen • P. Eisenbarth 53

Manolo Zirkusjunge U. Sauerhöfer • P. Eisenbarth 57

Kleiner Adler und Feuerblitz L. Holthausen • A. Flad 61

Dominik und das Lieblingsauto L. Holthausen • A. Flad 69

Keine Angst vor Familie Monster L. Holthausen • S. Dahle 75

Trolle im Nebel L. Holthausen • P. Eisenbarth 81

Der geheimnisvolle Dienstag L. Holthausen • A. Flad 87

Wie der Ritter Wurst in die Dose kam U. Sauerhöfer • M. Rachner 93

Wettlauf auf dem Eis L. Holthausen • P. Eisenbarth 97

Jonas und der Feuerwehrelefant D. Hoßfeld • A. Flad 103

Leo und die Brandstifter

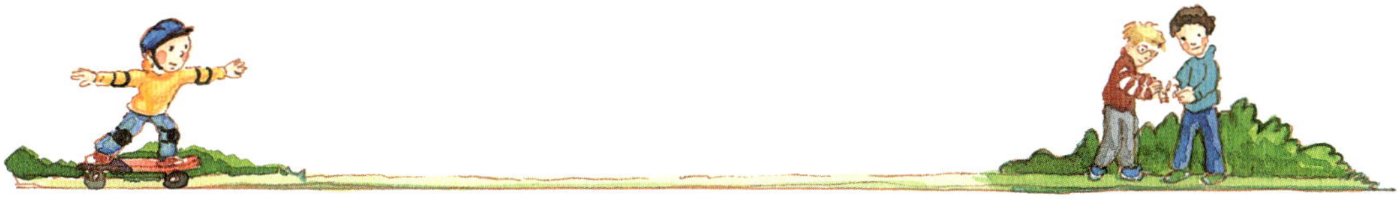

Leo flitzt auf seinem Skateboard über den Radweg. Vor dem verlassenen Grundstück am Ende der Straße bremst er ab. Sein Herz klopft ihm bis zum Hals, als er mit dem Skateboard unter dem Arm über den morschen Zaun klettert. Früher hat hier eine Fabrik gestanden, weiß Leo, aber die wurde vor vielen Jahren abgerissen. Seitdem verwildert das Gelände immer mehr. Leo liebt es, hier herumzustreunen. Er kommt sich dann vor wie auf einer gefährlichen Dschungelexpedition. Als er plötzlich Stimmen hört, bleibt er stehen.

„Hey, da liegt ein Feuerzeug", sagt die eine Stimme. „Ob das noch funktioniert?"

„Probier's doch mal aus", sagt die andere Stimme. „Vielleicht können wir ein Lagerfeuer machen."

Leo spitzt die Ohren. Er kennt die Stimmen. Das sind Ole und Jan, zwei Jungs aus seiner Klasse. Er späht durch das Gebüsch. Ole und Jan stehen vor einem windschiefen Holzschuppen.

Jan hält ein Feuerzeug in der Hand und spielt damit herum. „So was Blödes", flucht er, als er vergeblich versucht, es anzumachen. „Das klemmt ja total."

Er probiert es noch einmal. Plötzlich schießt eine große Flamme aus dem Feuerzeug. Jan wirft es erschrocken weg. „Aua! Ich hab mich verbrannt!"

Das Feuerzeug ist in das trockene Laub vor dem Schuppen gefallen. Ein dünner Rauchfaden steigt empor.

„Spinnt ihr?", ruft Leo. Er springt aus seiner Deckung.

Jan und Ole fahren herum.

„Wo kommst du denn her?", fragt Ole erschrocken. Leo antwortet nicht. Entsetzt starrt er auf das Laub. Aus dem Rauchfaden ist grauer Qualm geworden. Kleine Flammen züngeln hervor und lecken an dem morschen Holz des Schuppens.

„Es brennt!", schreit Jan. „Hilfe! Es brennt!"

Er schlägt die Hände vors Gesicht. Leo und Ole gucken sich erschrocken an.

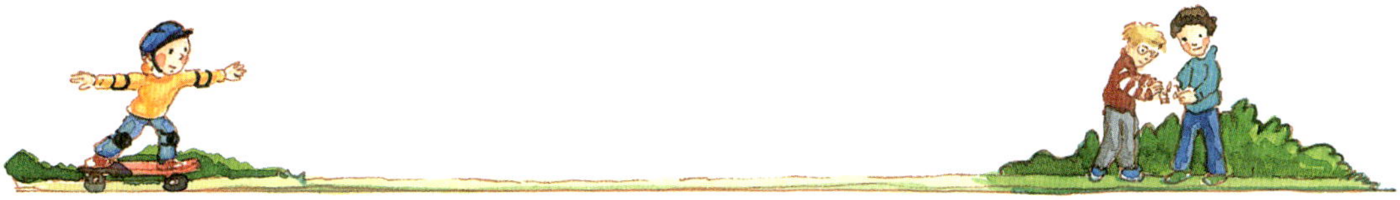

„Wir müssen das Feuer löschen!", ruft Leo.

„Aber womit denn?", fragt Ole aufgeregt. „Wollen wir nicht lieber abhauen?"

„Auf keinen Fall", protestiert Leo. „Wir müssen was tun!"

Er tritt einen Schritt zurück. Die untere Wand des Schuppens brennt schon lichterloh. Er spürt die Hitze im Gesicht und auf den Armen. Zum Löschen ist es viel zu spät!

„Das schaffen wir nie!", jammert Jan. „Wir müssen die Feuerwehr rufen!"

Die Jungs drehen sich um und laufen los, da kommt ihnen ein Mann entgegen. Leo erkennt Herrn Müller. Er wohnt auf dem Nachbargrundstück. Aufgeregt erzählt er ihm, was passiert ist. Herr Müller zögert nicht lange. Er zieht sein Handy aus der Tasche und alarmiert die Feuerwehr.

Dann sagt er: „Kommt schnell mit zur Straße. Hier ist es viel zu gefährlich!"

Als sie auf der Straße stehen, fängt Jan an zu weinen. Ole macht ein betretenes Gesicht und kaut auf seiner Unterlippe. Leo umklammert sein Skateboard so fest er kann.

„Na, na, die Feuerwehr kommt doch gleich", versucht Herr Müller die Jungs zu beruhigen. „Ich hab den Qualm gesehen und dachte mir, ich schaue mal lieber nach, was passiert ist." Er legt Jan einen Arm um die Schultern. Jan schluchzt auf.

„Ich war's", wimmert er. „Ich hab mit einem Feuerzeug gespielt."

„Oje", seufzt Herr Müller, aber er schimpft nicht. Leo findet das toll. Aber trotzdem hat er Angst. Auch wenn er selbst den Schuppen nicht angezündet hat.

„Das trockene Laub und das Holz brennen wie Zunder", sagt Herr Müller. „Da genügt schon ein kleiner Funke. Aber zum Glück steht der Schuppen allein. Die Feuerwehr wird ihn im Nu löschen."

Als die Feuerwehr endlich da ist, geht alles ganz schnell. Schläuche werden ausgerollt und an Hydranten angeschlossen.

Die Feuerwehrmänner rufen sich etwas zu und bahnen sich einen Weg durch das Gestrüpp.

„Wir lassen den Schuppen kontrolliert abbrennen", entscheidet einer der Männer. „Da ist nicht mehr viel zu machen. Das Feuer wird von alleine ausgehen."

Er wendet sich an Herrn Müller und bedankt sich. Herr Müller erzählt ihm, was passiert ist. Leo, Jan und Ole stehen mit hängenden Köpfen daneben und starren auf ihre Schuhspitzen.

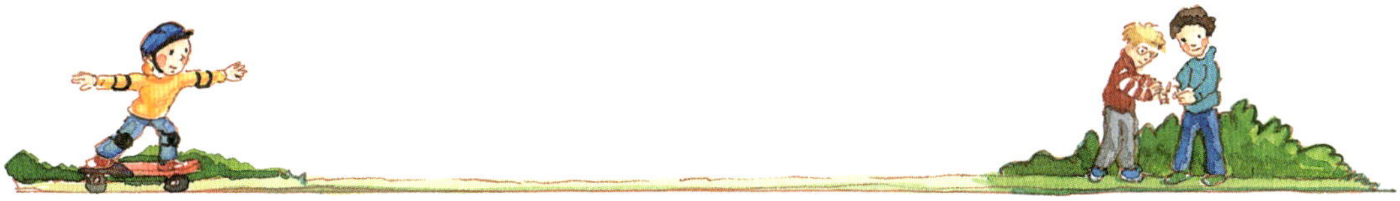

„Ihr hattet wirklich großes Glück", sagt der Feuerwehrmann streng. „Stellt euch vor, in dem Schuppen hätten Benzinkanister gestanden. Dann hätte es eine Explosion gegeben!"

Jan schnieft: „Sind wir jetzt Brandstifter?"

„Ja", sagt der Feuerwehrmann. Sein Gesicht ist ernst. „Ich werde mit euren Eltern sprechen. Ihr müsst für den Schaden mit eurem Taschengeld aufkommen."

Leo, Jan und Ole nicken. Klar, das ist Ehrensache.

Sie atmen erleichtert auf, als ein Feuerwehrmann ruft: „Das Feuer ist aus!"

Die Feuerwehrmänner rollen die Schläuche wieder auf und steigen in ihren Wagen. Ohne Blaulicht fahren sie in die Stadt zurück.

„Am besten komme ich mit zu euren Eltern", schlägt Herr Müller vor, „und erkläre ihnen, was passiert ist.

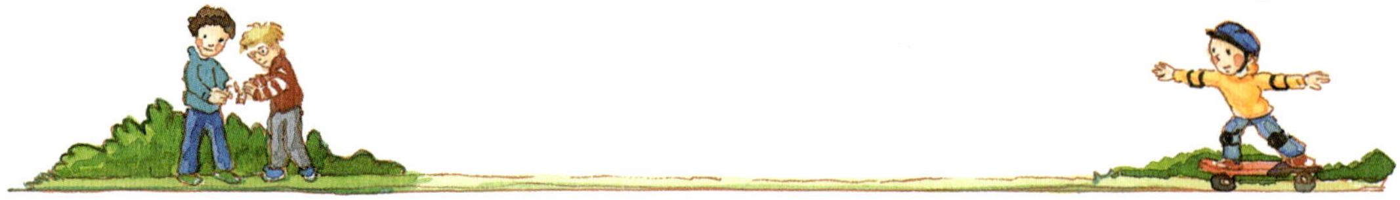

Aber nur, wenn ihr mir versprecht, nie wieder so einen Blödsinn zu machen! Feuerzeuge sind kein Spielzeug. Lasst in Zukunft die Finger davon." Er hält ihnen die Hand hin. Die Jungs schlagen sofort ein. „Versprochen", murmeln sie.

Leo fällt ein Stein vom Herzen. Herr Müller ist echt klasse!
„Dann mal los", sagt Herr Müller. „Ich spendiere euch eine Limo auf den Schreck. Und dann gehen wir zu euren Eltern."
Leo klemmt sich sein Skateboard unter den Arm und dreht sich noch einmal um. Von dem Feuer ist nichts mehr zu sehen. Der Qualm hat sich verzogen. Wären die verkohlten Bretter nicht, könnte man meinen, es wäre nichts geschehen. Aber Leo weiß es besser.
Das ist gerade noch mal gut gegangen, denkt er.
Zum Glück!

Schatzhüter und Schatzsucher

„Mein Sohn, du bist nun alt genug, um in die Geheimnisse des Schatzhütens eingeweiht zu werden", sprach Drago, der alte Drache, eines Tages zu Coco, dem jungen Drachen.
Coco freute sich, denn er war sehr abenteuerlustig. Und Schätze hüten, das klang ja nun so, als könne man dabei ganz wunderbar Abenteuer erleben. Aufgeregt breitete er seine Flügel aus und folgte seinem Vater, der über Berge und Täler, über dunkle Wälder und funkelnde Seen flog.
Über einem hohen Gipfel drehte der alte Drache eine Kurve und landete dann vor einer Felsöffnung.
„In dieser Höhle liegt der Schatz verborgen", verkündete er feierlich.
„Und?", fragte Coco und spuckte vor Aufregung etwas Feuer. „Was muss ich nun tun?"
„Du setzt dich vor die Höhle und passt auf, dass niemand den Schatz raubt. Genau wie ich es mache." Drago ließ sich nieder und schaute aufmerksam nach rechts und nach links.
Folgsam setzte sich Coco ebenfalls nieder und schaute nach rechts und nach links. Nach ungefähr fünf Minuten, die ihm wie fünf Stunden vorkamen, begann er unruhig hin und her zu rutschen.
„Und jetzt?", quengelte er.
„Du hütest weiter den Schatz", antwortete sein Vater.

Also schaute der kleine Drache weitere fünf Minuten, die ihm wie fünf Stunden vorkamen, nach rechts und nach links. Aber dann hielt er es nicht mehr aus und rief: „Aber ist das denn alles, was ich beim Schatzhüten tun muss? Kann ich mir den Schatz denn nicht wenigstens mal anschauen?"

„Nein, mein Sohn", sprach Drago streng. „Deine Aufgabe ist es nur, den Schatz zu hüten. Mehr nicht."

Wie langweilig, dachte Coco enttäuscht. Wie gerne wäre er weitergezogen, um ein richtiges Abenteuer zu erleben!

Etwa um dieselbe Zeit sprach auf Burg Blankenstein der alte Ritter Kunibert zu dem jungen Ritter Berti: „Mein Sohn, du bist nun alt genug, um in die Geheimnisse der Schatzsuche eingeweiht zu werden."

Berti freute sich, denn er hatte schon immer davon geträumt, über die sieben Meere zu segeln und die Welt zu entdecken. Leider hatte sein Vater bisher immer gemeint, ein Ritter sei kein Seemann und habe deshalb an Land zu bleiben. Aber Schätze suchen, das klang ja nun so, als könne man dabei auch ganz wunderbar die Welt entdecken! Aufgeregt tat Berti es also seinem Vater nach, legte ein Kettenhemd an, setzte den Ritterhelm auf und griff nach seinem Schwert.

„Schätze liegen meist in Höhlen versteckt", erklärte der alte Ritter. „Deshalb müssen wir nach Höhlen suchen."

Er marschierte los, und folgsam marschierte Berti hinter ihm her. Nach ungefähr fünf Minuten, die ihm wie fünf Stunden vorkamen, begann Berti mit den Füßen zu schlurfen.

„Und jetzt?", quengelte er.

„Du suchst weiter nach einer Schatzhöhle", antwortete sein Vater. Also marschierte Berti weitere fünf Minuten, die ihm wie fünf Stunden vorkamen, aber dann hielt er es nicht mehr aus und rief: „Ich wollte doch die Welt entdecken, und jetzt laufe ich nur herum. Wo ist denn nun die Schatzhöhle?"

„Mein Sohn", sprach der alte Ritter streng, „du bist zu ungeduldig. Einen Schatz findet man nicht im Handumdrehen. So etwas kann Monate dauern, manchmal sogar Jahre."

„Und wenn wir ihn endlich gefunden haben? Darf ich ihn dann behalten?", wollte Berti wissen.

Das Gesicht des alten Kunibert färbte sich unter seinem Ritterhelm dunkelrot. „Dann bringst du den Schatz zum König, das ist doch wohl klar!"

Wie langweilig, dachte Berti enttäuscht. Wie gerne wäre er über die sieben Meere gesegelt und hätte richtig die Welt entdeckt!

So verstrich die Zeit. Täglich saß der kleine Drache nun herum und hütete den Schatz. Und der kleine Ritter marschierte täglich durch die Gegend und suchte Höhlen. Das konnten die beiden mittlerweile so gut, dass sie es sogar allein machen durften, ohne ihre Väter. Aber langweilig fanden sie es immer noch, und beide hingen ihren Träumen nach. Coco träumte davon, ein Abenteuer zu erleben, und Berti träumte davon, über die sieben Meere zu segeln und die Welt zu entdecken.

Eines Tages vertrieb sich Coco die Langeweile, indem er Rauchringe in die Luft blies. Da hörte er auf einmal Schritte und Gesang.

Oha, da kommt ja endlich mal jemand, dachte er erfreut und richtete sich auf, bereit zum Feuer spucken.

Da bog Berti, ein Seemannslied singend, um die Ecke.

Er bemerkte erst die Rauchringe, dann den kleinen Drachen und stoppte jäh.

Eine Weile starrten sie sich nur an, der kleine Drache den kleinen Ritter und der kleine Ritter den kleinen Drachen. Dann fragte Berti: „Was tust du da?"

„Ich hüte einen Schatz", antwortete Coco. „Aber das ist furchtbar langweilig. Und was machst du?"

„Ich suche einen Schatz", erwiderte Berti. „Aber das ist auch langweilig. Ich würde viel lieber über die sieben Meere segeln und die Welt entdecken."

„Kann man dabei auch Abenteuer erleben?", wollte Coco wissen. Berti überlegte und nickte. „Ich glaube schon."

„Kann man denn auch über die sieben Meere fliegen?", fragte Coco weiter.

„Ich glaube schon", sagte Berti wieder. „Aber dazu braucht man Flügel."

„Ich habe welche", sagte Coco und schlug mit seinen Flügeln, dass es nur so rauschte. „Aber leider darf ich nicht wegfliegen. Ich muss doch den Schatz hüten."

Berti setzte sich ins Gras und dachte lange nach. Dann breitete sich plötzlich ein Strahlen auf seinem Gesicht aus.

„Ich habe eine Idee!", rief er. „Ich raube den Schatz, dann musst du ihn nicht mehr hüten."

Und so machten sie es. Der kleine Ritter raubte den Schatz, der aus Gold, aus Bergen von Gold bestand. Dann setzte er sich auf den kleinen Drachen, und gemeinsam flogen sie über die sieben Meere und erlebten Abenteuer. Das Gold aber brachten sie nicht zu dem König, denn der hatte schon mehr als genug davon, sondern verschenkten es an alle, die es nötiger brauchten.

Flori und Jule können Freunde sein

Flori hat einen kleinen und einen großen Bruder. Der kleine Bruder heißt Lukas und nervt meistens, weil er immer genau das machen möchte, was Flori macht. Dabei ist er erst ein Jahr alt und kann noch nicht mal richtig laufen. Und Flori ist drei Jahre alt und kann sogar schon um den Häuserblock rennen.

Floris großer Bruder Jonas dagegen nervt überhaupt nicht. Der ist schon sechs Jahre alt und trotzdem noch nett. Wenn seine Kindergartenfreunde zu Besuch sind und sie draußen auf der Wiese Fußball spielen, darf Flori sogar manchmal mitkicken. Immer dann, wenn ihnen ein Torwart fehlt. Flori ist nämlich ein richtig guter Torwart und hält in jedem Spiel mindestens zwei Bälle.

Seit ein paar Tagen geht Flori nun auch in den Kindergarten. Das ist toll. Das hat er sich schon so lange gewünscht. Und das Tollste daran ist: Flori gehört, genau wie Jonas, zur Bärengruppe. Im Kindergarten gibt es nämlich drei Gruppen: die Bärengruppe, die Igelgruppe und die Mäusegruppe. Normalerweise gehen Geschwister im Kindergarten nicht in dieselbe Gruppe, aber nur in der Bärengruppe war ein Platz für Flori frei. Da hat er richtig Glück gehabt!

„Du hast dich schnell bei uns eingewöhnt", sagt Antje, die Erzieherin, und strubbelt Flori durchs Haar. „Superschnell. Rekordtempo. Nach drei Tagen bleibst du schon bis zum Mittagessen. Klasse!"

Flori strahlt. Aber es ist ja auch so schön im Kindergarten. Morgens beim Stuhlkreis, wenn er neben Jonas sitzt, da singen sie immer ein Morgenlied. Und später packen sie zusammen ihr Frühstück aus, und beim Mittagessen sitzen sie auch nebeneinander.

Und dazwischen haben sie viel Zeit zum Spielen. Manchmal machen sie mit den anderen im Stuhlkreis ein Spiel. Oder sie malen und basteln alle zusammen, und dann kann er Jonas fragen, ob er ihm beim Ausschneiden hilft. Oder sie haben freies Spiel, und dann kann er mit Jonas in die Bauecke gehen und was bauen.

Heute will Jonas mit seinen Kindergartenfreunden draußen Fußball spielen. „Dürfen wir?", fragt er.

Antje nickt. „Aber bleibt auf der Wiese vor dem Fenster", sagt sie noch. „Damit ich euch sehen kann."

„Juhu!" Jonas schnappt sich den Ball und rennt zur Garderobe, um seine Schuhe und seine Jacke anzuziehen.

„Juhu!" Seine Freunde rennen hinterher.

Flori will auch „Juhu" rufen und hinterher, aber da hält ihn eine Hand fest. „Wo willst du denn hin?", fragt Antje.

„Raus", stößt Flori hervor. Er hat es doch eilig! „Kicken." Er zerrt an Antjes Hand.

Aber Antje lässt ihn nicht los. „Nein, das geht nicht. Alleine raus dürfen nur die großen Kinder, die schon lange im Kindergarten sind und bald in die Schule kommen. Du bist erst seit ein paar Tagen da. Du darfst das noch nicht."

Er darf nicht raus? Er darf nicht mit Jonas Fußball spielen? Aber wer soll denn dann Torwart sein? Und vor allem: Was soll Flori denn im Gruppenraum machen, so ganz ohne Jonas?

„Ich will aber!", schreit er. Er schreit so laut, dass die anderen Kinder alle zu ihm rüberschauen.

Antje schreit nicht. Sie bleibt ganz ruhig. Und sie sagt immer dasselbe: „Nein, das geht nicht."

Flori schreit auch immer dasselbe: „Ich will, ich will, ich will!" Dann fängt er an zu weinen. Jetzt starren die anderen Kinder alle. Mit riesiggroßen Augen.

Antje will ihn in den Arm nehmen, aber Flori stößt sie weg. Antje ist so blöd! Antje ist so ungerecht! Und von einer, die so blöd und ungerecht ist, will er sich nicht in den Arm nehmen und trösten lassen.

„Ich will nach Hause!", schreit Flori. Aber das geht auch nicht, denn zu Hause ist niemand. Papa ist arbeiten, und Mama ist arbeiten, und Lukas ist bei der Tagesmutter.

„Willst du dich vielleicht in die Kuschelecke legen?", fragt Antje und streicht ihm tröstend über den Kopf. Flori stößt auch ihre Hand weg. Aber in die Kuschelecke geht er doch. Er schmeißt sich auf die Matratze und tobt dort weiter. Er weint und weint. Erst vor Wut. Dann, weil er so traurig ist. Er kann und kann einfach nicht aufhören damit. Nach einer Weile merkt er, dass er nicht allein in der Kuschelecke ist.

Jule sitzt neben ihm. In der einen Hand hält sie eine Puppe und in der anderen Hand einen Teddy. Jule ist auch noch ziemlich neu. Sie ist am selben Tag in die Bärengruppe gekommen wie er.
„Warum weinst du so?", will sie wissen.
„Geh weg", schluchzt Flori. „Lass mich in Ruhe."
Aber Jule geht nicht weg. Sie bewegt die Puppe und den Teddy und murmelt dabei vor sich hin.
„Was machst du da?", flüstert Flori mit tränenerstickter Stimme.
„Ich spiele Vater, Mutter, Kind", erklärt Jule. „Der Teddy ist der Vater und die Puppe ist die Mutter."
Flori wischt sich die Tränen aus den Augen. Ein paar tropfen noch nach. Er schaut auf die Stofftiere, die in der Kuschelecke liegen, dann zieht er entschlossen einen Löwen zu sich heran.
„Das ist das Kind", sagt er. „Das heißt Flori. Wie ich."

Jule nimmt schnell einen Hund. „Und das Kind hier heißt Jule. Wie ich."

„Das geht nicht", widerspricht Flori. „Die können nicht wie du und ich heißen. Der Löwe und der Hund sind Geschwister. Aber wir beide sind doch gar keine Geschwister."

Jule macht ein nachdenkliches Gesicht. Aber dann hat sie einen Einfall und strahlt. „Dann sind die beiden eben Freunde."

Flori überlegt und nickt. Klar, das geht natürlich! Der Löwe und der Hund, Flori und Jule können Freunde sein.

Bis zum Mittag spielen sie so miteinander. Und Flori vergisst darüber sogar Jonas und das Fußballspielen.

Das Zauberschwert

In Peers Wikingerdorf erzählte man sich die Legende von einem Zauberschwert. Peers Urgroßvater, der wirklich ein sehr, sehr alter Mann war, hatte es noch mit eigenen Augen gesehen.
„Es leuchtet und funkelt wie tausend Sterne", erzählte er. „Und auf wen man es auch richtet, dem fallen sofort die Waffen aus der Hand."
„Und wo ist dieses Zauberschwert jetzt?", wollte Peer wissen.
Der Urgroßvater seufzte. „Das ist eine traurige Geschichte. Die Männer von der Nachbarinsel waren damals noch unsere Freunde. Aber als sie von dem Schwert hörten, wurden sie furchtbar neidisch. Eines Nachts legten sie mit ihren Booten heimlich an unserem Ufer an. Sie schlichen sich in unser Dorf und stahlen das Schwert. Doch sie wurden nicht glücklich damit. Auf dem Rückweg zu ihrer Insel ist es verschwunden. Vielleicht ist es über Bord gefallen, niemand weiß es. Jedenfalls sind wir seither mit den Nachbarn verfeindet."
Peer musste oft an das Zauberschwert denken. Lag es nun für ewig auf dem Grund des Meeres?
Eines Tages spielte er mit seinen Freunden Arne und Bork am Ufer, da sah er etwas im Sand liegen. Neugierig rannte er hin und erkannte, dass es ein Schwert war. Es sah ziemlich jämmerlich aus: total verrostet, die Klinge stumpf und die Spitze abgebrochen.

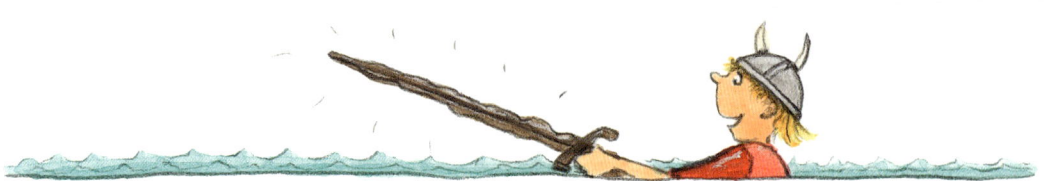

„Das ist bestimmt das Zauberschwert! Es ist vom Meer an Land gespült worden", rief Peer aufgeregt. Arne und Bork kamen näher. „Was, dieses verrostete Ding soll ein Zauberschwert sein?", lachte Bork. Er strich über das Holzschwert, das er sich selbst geschnitzt hatte. „So sieht ein richtiges Schwert aus."
„Nein, so!", widersprach Arne und hob sein eigenes kurzes Hiebschwert. Sein Vater hatte es ihm geschenkt. Arne war so stolz darauf, dass er es nicht einmal im Schlaf losließ.

Peer bückte sich und hob das verrostete Schwert auf. Arne ließ klappernd sein Hiebschwert fallen.

Peer fuhr hoch. „Siehst du, es ist das Zauberschwert! Es hat magische Kräfte, wie mein Urgroßvater erzählt hat. Es hat dir deine Waffe aus der Hand geschlagen."

Arne wurde rot. „Quatsch. Ich habe nur nicht aufgepasst."

Peer richtete die abgebrochene Spitze auf Bork. Der warf sofort sein geschnitztes Holzschwert in den Sand.

„Das habe ich mit Absicht gemacht", versicherte er hastig.

Aber Peer glaubte ihm nicht. Vorsichtig strich er über das verrostete Schwert. Das war kein Zufall. Das war auch kein Spiel. Das war Magie! Er hielt das Zauberschwert in den Händen.

Rasch lief er zu seinem Vater, der gerade sein Jagdmesser schärfte.

„Sieh nur, Vater, ich habe das Zauberschwert gefunden", rief er.

„Wo soll denn das auf einmal herkommen", brummte der Vater.

Das Messer rutschte ihm aus den Fingern und fiel zu Boden.

„Siehst du, es schlägt dir die Waffe aus der Hand. Es ist das Zauberschwert! Das Meer hat es ans Ufer gespült." Peer hüpfte vor Aufregung von einem Bein aufs andere.

„Schwerter sind aus Eisen. Und Eisen kann nicht im Meer schwimmen. Es sinkt auf den Meeresgrund", erklärte der Vater.

„Das Zauberschwert hat aber magische Kräfte. Das sinkt nicht auf den Meeresgrund. Es ist zu uns zurückgekommen", beharrte Peer.

„Unsinn", schnarrte der Vater ärgerlich und wollte sein Messer aufheben. Aber wie ein Fisch schlüpfte es ihm immer wieder durch die Finger und klirrte zu Boden. Das bewirkte nur die Kraft des Schwertes!

Begeistert lief Peer durch das Dorf, um es noch weiter auszuprobieren. Arnes Vater fielen alle Pfeile aus dem Köcher. Borks Vater konnte sein Schwert nicht mehr heben, so schwer schien es auf einmal zu sein. Das Beste aber war Peers Besuch beim Waffenschmied. Das Gepolter und Gerumpel der herabstürzenden Waffen schallte so laut durchs ganze Dorf, dass sich alle die Ohren zuhalten mussten.

An diesem Abend war Peer sehr glücklich, als er zum Schlafen unter sein Fell kroch. Das Zauberschwert legte er neben sich. Doch ihm waren kaum die Augen zugefallen, da weckten ihn laute Rufe von draußen. „Überfall! Überfall!"

Peer griff nach dem Schwert und stürzte nach draußen. Die Nacht war tiefschwarz, der Mond hinter dunklen Wolken verborgen. Vom Meer her stürmten finstere Gestalten auf das Wikingerdorf zu. Es waren die Männer von der Nachbarinsel. Sie hatten die mondlose Nacht genutzt, um unbemerkt an Land zu kommen. Die Leute aus Peers Dorf stolperten völlig überrumpelt durcheinander. „An die Waffen, Männer", brüllte Peers Vater. „Sonst sind wir verloren!"

„Nein, das sind wir nicht", entgegnete Peer und stellte sich entschlossen den heranstürmenden Feinden entgegen.
„Haltet ein!", rief er ihnen zu.

„Ho, ho, ho, was bist du denn für ein lustiger Kerl", dröhnte deren Anführer und hielt sich vor Lachen den Bauch.
Da hob Peer sein Schwert. Und der Anführer lachte nicht mehr.
Denn im nächsten Moment klirrte es lautstark, und er und seine Männer waren allesamt waffenlos.

„Auf sie, kämpft sie nieder!", brüllte Peers Vater und wollte losstürmen.

Da trat der Urgroßvater an Peers Seite. Er nahm ihm das Zauberschwert aus der Hand und stellte sich nun seinen eigenen Leuten mit erhobenem Schwert entgegen. Wieder klirrte es, und alle Waffen fielen zu Boden.

„Das Zauberschwert ist zu uns zurückgekehrt", sprach er. „Warum also sollten wir noch miteinander kämpfen? Lasst uns endlich wieder Freunde sein."

Unschlüssiges Gemurmel erhob sich. „Aber zum Kämpfen sind wir doch hergekommen", beschwerten sich einige. „Wofür sind wir denn dann mitten in der Nacht losgezogen?", fragten andere. Viele aber meinten: „Der Mann hat recht."

Als irgendjemand dann auch noch ein Fass Met herbeirollte, war endgültig alle Kampfeslust vergessen. Die Männer setzten sich zusammen und feierten Versöhnung bis zum Morgengrauen.

Peer aber schlief, an den Urgroßvater gekuschelt, und träumte von dem Zauberschwert.

Der bärenstarke Willibald

Micki ist ein kleiner Junge. Kleiner als alle anderen in der Klasse. Oft halten ihn die Leute für jünger. Auf fünf oder sogar vier Jahre hat man ihn schon geschätzt, obwohl Micki bereits sechs ist und in die 1. Klasse geht.

Viele Muskeln hat er auch nicht. Einmal hat die Metzgersfrau seine Mama sogar gefragt, ob ihre kleine Tochter ein Stück Wurst wolle, und dabei auf Micki gezeigt. Das war das Allerschlimmste gewesen! Dass er aussehen sollte wie ein Mädchen!

Mama hat nur gelacht, aber Micki wollte gleich am nächsten Tag zum Friseur gehen. Dort ließ er sich seine schönen, blonden Haare ratzekurz abschneiden. Viel genützt hat es allerdings nicht.

Aber heute hat Micki gute Laune. Er geht nämlich in den Zirkus! Nur er und sein Freund Paul, ganz alleine.

Und da sitzen sie nun auf den harten Holzbänken und warten aufgeregt auf die Vorstellung. Endlich geht es los! Alles ist so, wie Micki es sich vorgestellt hat, und fast noch ein bisschen schöner. Als die Trapezturner über ihnen ihre Kunststücke vollführen, halten die zwei Jungen die Luft an. Aber alles geht gut.

Danach kommt ein Zauberer, der aus seinem Zylinder einen schneeweißen Kakadu hervorzaubert und ihn anschließend sogar sprechen lässt, und zwar französisch!

„Wie macht er das nur?", ruft Paul bewundernd. Paul besitzt einen Zauberkasten und hat Micki schon viele kleine Zauberkunststücke vorgeführt.

„Keine Ahnung", kichert Micki. Dann kommt die nächste Nummer.

„Liebes Publikum!", ruft der Zirkusdirektor. „Nun erwartet Sie einer der Höhepunkte des Abends. Heißen Sie ihn mit einem kräftigen Applaus willkommen, den stärksten Mann der Welt! Manege frei für den bärenstarken Willibald!!"

Micki staunt: Herein tritt ein großer Mann, der nur eine kurze, golden schimmernde Hose trägt und sonst nichts. Seine Muskeln glänzen im Scheinwerferlicht, und über der Lippe trägt er einen rabenschwarzen Schnurrbart.

„Der glänzt ja wie 'ne Ölsardine", flüstert Paul grinsend, aber Micki hört gar nicht genau hin. Mit offenem Mund starrt er den starken Willibald an.

Der nimmt eine dicke Eisenstange und ächzt und stöhnt und brüllt. Schließlich, beim letzten, lautesten Brüller, knickt die Stange ein und bricht sogar entzwei. Hat der Kraft!

„Bravo!", ruft das Publikum. Auch Micki brüllt mit.

Aber schon geht es weiter. Willibald stemmt mit jedem Arm einen erwachsenen Mann und hält beide mindestens eine Minute in der Luft. Und er sieht überhaupt nicht angestrengt aus, im Gegenteil, er pfeift sogar noch ein Liedchen!

„Mannomann", flüstert Micki, „das ist … überirdisch."
Drei, vier andere Kunststücke zeigt der starke Willibald noch, eines unglaublicher als das andere. Dann sind der Clown und die Jongleure dran.
Micki aber ist ganz in Gedanken. „Wäre ich doch nur so stark wie der Willibald", sagt er betrübt zu Paul.
„Ach", wehrt Paul ab, „die ham' doch alle ihre Tricks."
Als Micki abends im Bett liegt, geht ihm die Zirkusvorstellung nicht aus dem Kopf. Zu gerne würde er den Willibald fragen, wie man so stark wird. Ob der wohl jeden Tag Krafttraining macht?, überlegt er. Oder hat er vielleicht wirklich Tricks auf Lager?

Am nächsten Morgen steht Mickis Entschluss fest: Er wird zu dem starken Willibald gehen und ihn fragen.

Gleich nach dem Mittagessen nuschelt er etwas von Fußballspielen und … zack! ist er draußen und auf dem Weg zum Zirkus.

Am Tag sieht alles nicht ganz so beeindruckend aus wie abends, wenn die vielen hundert bunten Glühbirnen brennen.

Hinter dem Zelt sind die Wohnwagen der Artisten, und an einem schönen, taubenblauen Wagen steht in großer Schrift: Hier wohnt der bärenstarke Willibald.

Gerade will Micki anklopfen, da hört er seltsame Geräusche aus dem Wagen. Es klingt, als ob jemand wimmert oder weint.

„Hilfe", jammert es ganz leise, „zu Hilfe", und dann noch leiser: „Bitte tu mir nix, bitte, bitte, bitte."

Entschlossen öffnet Micki die Tür. Erst sieht er den Willibald gar nicht. Dann entdeckt er ihn, hoch oben auf seinem Schrank, in eine Ecke gedrückt, mit einem großen Kissen vor dem Bauch.

„Hilfe!", jammert er wieder.

„Was ist denn los?", fragt Micki erstaunt.

„Da … da unten unter dem Sessel, eine … eine Spinne, … riesig … schwarz … mit Haaren an den Beinen", stammelt Willibald.

„Sie … sie hat mich gerade entdeckt … huh, wie schrecklich!"

„Eine Spinne?", fragt Micki ungläubig. „Aber das ist doch nichts Schlimmes! Die sind ganz lieb. Mein Freund Paul und ich, wir

züchten sie, die Spinnen, meine ich. Und da sind ganz viele dabei mit Haaren an den Beinen, und eine hat ein Kreuz auf dem Rücken."

„Sei still!", brüllt Willibald. „Ich will nix davon hören. Ich hab solche Angst vor Spinnen! Bitte, bitte, tu sie raus, ganz weit weg, tu sie nur raus!!"

„Okay", beruhigt Micki den zitternden Mann. „Wenn du unbedingt willst." Behutsam setzt er das zarte Tier auf seine Hand. Willibald hält sich die Augen zu.

Dann trägt Micki die Spinne hinaus und setzt sie weit weg von Willibalds Wagen ins Gras.

Als er zurückkommt, sitzt der bärenstarke Willibald wieder unten auf seinem Bett. Er hat einen feuerroten Kopf.

„Bestimmt lachst du mich jetzt aus", sagt er leise, „weil ein großer, starker Mann wie ich so ängstlich ist." Und dann setzt er voller Bewunderung hinzu: „Du hast Mut, das muss ich schon sagen. Von dir kann ich noch was lernen!"

Micki freut sich. „Danke schön", sagt er. Dann schüttelt er dem bärenstarken Willibald die Hand. „Ich heiße Micki und wohne nicht weit von hier", strahlt er.

„Warst du denn schon in der Vorstellung, Micki?", fragt Willibald nun. „Ich würde dir nämlich zwei Freikarten schenken, als Dank sozusagen."

„Ich war schon, aber ich komme gerne noch mal", ruft Micki froh, „mit meinem Freund Paul!"

Gut gelaunt und mit zwei Freikarten in der Hand springt Micki nach Hause. Und er denkt gar nicht mehr daran, was er den bärenstarken Willibald eigentlich fragen wollte.

Wie Ritter Leopold den bösen Troll besiegte

Vor langer Zeit, als es nicht nur Ritter, Könige und Prinzessinnen, sondern auch noch Drachen, Trolle, Zauberer und andere Fabelwesen gab, da lebte Ritter Leopold. Ritter Leopold besaß ein unendlich großes und gutes Herz. Deshalb war sein großes Herz auch fast das Einzige, was er besaß, denn wann immer er jemanden traf, der in Not war oder ihm leid tat, schenkte er ihm etwas. Sogar sein Pferd, seine Lanze und seine Ritterrüstung hatte er verschenkt. Ihm gehörten nur noch die Kleider, die er am Körper trug, eine Handvoll Hustenbonbons, ein Schwert und eine Laute. Auf der spielte er der Prinzessin Isolde immer Liebeslieder vor. Ritter Leopold und Prinzessin Isolde hätten für ihr Leben gern geheiratet, aber der Vater der Prinzessin, König Otto, hielt überhaupt nichts davon.

„Heirate lieber Graf Hugo von Raffstein", schlug er seiner Tochter vor. „Der hat ein riesiges Haus, riesige Ländereien und einen Riesenhaufen Gold." Auf diesen Riesenhaufen Gold hatte der König es abgesehen, denn er gab sein eigenes schneller aus, als er es von seinen Untertanen eintreiben konnte.

Graf Hugo von Raffstein war aber ein furchtbarer Angeber. Er gefiel Prinzessin Isolde überhaupt nicht. Dagegen fiel sie beim Anblick von Ritter Leopold immer fast in Ohnmacht vor Entzücken.

„Nein, ich heirate Graf Hugo nicht", erklärte die Prinzessin deshalb trotzig. Und so stritten Vater und Tochter hin und her, bis Prinzessin Isolde mit dem Fuß aufstampfte und schrie: „Entweder ich heirate Ritter Leopold, oder ich heirate überhaupt niemanden!"

Die Prinzessin war im ganzen Land bekannt für ihren Dickkopf. Wenn sie etwas nicht wollte, dann wollte sie nicht, da ließ sich nichts machen. König Otto sah schon den Riesenhaufen Gold in unerreichbare Ferne rücken. Deshalb griff er zu einer List.
„Du bekommst deinen Willen, liebe Tochter", säuselte er. „Aber vorher soll der Ritter eine Aufgabe lösen. Das gehört sich so, wenn man eine Prinzessin heiraten will."

„Abgemacht", stimmte Prinzessin Isolde zu. Ritter Leopold würde alle Aufgaben lösen, davon war sie überzeugt!

Auch der Ritter erklärte sich einverstanden. Er hätte alles getan, was der König von ihm verlangte, nur um endlich seine geliebte Prinzessin heiraten zu dürfen.

Da sagte König Otto: „Ritter Leopold, du musst den Troll besiegen, der in den Wäldern vor den Toren unserer Stadt lebt."

Als die Prinzessin das hörte, brach sie in Tränen aus, denn der Troll war sehr böse. Er hauste schon seit vielen Jahren in den Wäldern, und niemand wusste, wo er damals so plötzlich hergekommen war. Und wer immer seither in die Wälder gegangen war, um ihn zu besiegen, war nie wieder zurückgekehrt.

Ritter Leopold aber schenkte seine Laute der Prinzessin, damit sie beim Spielen immer an ihn denken konnte. Dann steckte er seine Hustenbonbons ein und nahm sein Schwert, denn mehr hatte er ja nicht mehr, und verließ zu Fuß die Stadt.

Zuerst wanderte er über bunt blühende Wiesen, später durch einen lichten Laubwald, und schließlich kam er in einen dichten Nadelwald. Je tiefer er hineinging, umso dunkler und unheimlicher wurde es um ihn herum. Hier und da sah er verbogene Lanzen und verbeulte Helme am Wegesrand liegen. An manchen Stellen waren die Bäume umgestürzt, ihre Stämme zersplittert. Kein Zweifel, er war in der Nähe des bösen Trolls.

Plötzlich begann der Waldboden unter stampfenden Schritten zu dröhnen. Eine unglaublich große, unglaublich hässliche Gestalt schob sich zwischen den Bäumen hindurch, wobei sie die Äste umknickte wie Streichhölzer.

Ritter Leopold wurde ziemlich elend zumute. Aber dann dachte er an die Prinzessin. Entschlossen stellte er sich dem Troll in den Weg und zog sein Schwert.

„Willst du mich etwa aufhalten?", röhrte der Troll. Seine Donnerstimme ließ den Wald erzittern. Die Bäume ächzten. Da riss der Troll seine Arme in die Luft, öffnete den Mund, und im nächsten Moment erklang ein Röcheln und Keuchen, wie Ritter Leopold es noch nie gehört hatte: Der Troll war erkältet. Der Troll hustete. Ritter Leopold war erst furchtbar erschrocken. Aber als er sah, wie der Troll sich krümmte und nach Atem rang, da griff er ganz automatisch in die Hosentasche und holte eines seiner Hustenbonbons hervor.

„Möchtest du vielleicht etwas gegen deinen Husten haben?", fragte er voller Mitleid und warf dem Troll das Bonbon zu. Ja, so war er, der Ritter Leopold. Er hatte einfach ein gutes Herz. Er konnte niemanden leiden sehen, selbst wenn es sich um einen gefährlichen Troll handelte. Der Unhold fing das Hustenbonbon mit seinen Pranken, stopfte es sich in den Mund und sank mit einem Stöhnen nieder. Plötzlich geschah etwas Seltsames: Vor den Augen von Ritter Leopold begann der Troll zu schrumpfen. Eben noch hatte er Leopold überragt, jetzt wurde er kleiner und immer kleiner. Und als der Ritter sich die Augen rieb und noch einmal genau hinschaute, da stand vor ihm kein Troll mehr, sondern ein ganz normaler Mensch.

„Du hast mich erlöst", sprach dieser Mensch mit Tränen in den Augen. „Denn in Wahrheit bin ich Graf Gregor. Mein Bruder, der Graf Hugo von Raffstein, wollte das Gold und den Besitz unserer Eltern ganz für sich alleine haben. Deshalb hat er vor vielen, vielen Jahren einen Zauberer aufgesucht. Dieser Zauberer hat mich verwünscht und in einen Troll verwandelt. Nur wer Mitleid mit mir hat, so sprach der Zauberer damals, der wird mich erlösen. Aber wer hat schon Mitleid mit einem bösen Troll?"

So hatte das gute Herz des Ritters Leopold den verwunschenen Grafen erlöst. Gemeinsam verließen die beiden Männer nun den dunklen Wald und wanderten zurück in die Stadt zum Königspalast. Dort hatte die Prinzessin sich in ihr Zimmer eingeschlossen und spielte schluchzend auf der Laute ihres geliebten Ritters. Sie war überzeugt, dass sie ihn nie wieder sehen würde.

Doch mit einem Mal hörte sie aus dem Thronsaal einen Tumult und einen Krach, der bis in ihr Zimmer tönte. Neugierig legte sie die Laute beiseite und lief hinüber. Und wen sah sie dort? Ihren Ritter Leopold, gemeinsam mit einem zweiten Mann.

„Leopold", jubelte sie und fiel dem Ritter um den Hals. „Du bist wieder da, und du bist unverletzt! Jetzt können wir endlich heiraten."

Ihr Vater saß auf seinem Thron und machte ein griesgrämiges Gesicht. „Und wo ist der böse Troll, den du besiegen solltest?", wollte er wissen.

Ritter Leopold zeigte auf den Mann neben sich. „Das war der Troll", sagte er. „Er ist der Bruder des Grafen Hugo von Raffstein."
Und er erzählte, wie der Zauberer Graf Gregor verwünscht hatte. König Otto wollte die Geschichte erst nicht glauben. Aber als er Graf Hugo holen ließ und der richtig grün im Gesicht wurde, sobald er seinen Bruder sah, da glaubte er sie langsam doch.

Auch die Bediensteten des Grafen erkannten Gregor wieder, der vor vielen Jahren so plötzlich verschwunden war. Vor genauso vielen Jahren, so wurde ihnen mit einem Mal klar, wie der böse Troll in den Wäldern aufgetaucht war.

So konnten Ritter Leopold und Prinzessin Isolde schließlich doch heiraten, und Graf Gregor war ihr Trauzeuge. Sein Bruder Hugo von Raffstein musste die Hälfte von dem Riesenhaufen Gold an ihn abgeben. Und der König lernte von Ritter Leopold, wie man glücklich wird, auch wenn man nicht so viel besitzt.

Oma Friedas Zugfahrt

"Berti, in den Herbstferien fahre ich mit Papa nach Paris!", eröffnete mir Mama eines Morgens. "Er hat dort geschäftlich zu tun, und ich begleite ihn."
"Und ich", rief ich empört, "was ist mit mir?"
"Du fährst zu Oma Frieda nach Hamburg. Ich habe schon mit ihr gesprochen, und sie ist einverstanden."
Na toll, dachte ich, sie ist also einverstanden! Ob ich einverstanden war, wollte wohl niemand wissen! Keiner hatte mich gefragt.
Und Oma Frieda kannte ich kaum. Ich wusste zwar, dass sie Papas Mama war und immer sehr ausgefallene Hüte trug, aber ich hatte sie höchstens drei-, viermal gesehen. Bei der Kommunion meiner Kusine zum Beispiel oder der Beerdigung von Opa.
"Wie soll ich denn überhaupt dahin kommen?", fragte ich trotzig. "Das ist doch irre weit!"
"Oma kommt dich abholen, und ihr fahrt dann zusammen mit dem Zug. In zwei Tagen kommt sie. Du kannst schon mal ein paar Spielsachen zusammenpacken!", meinte Mama und ließ mich allein.
Eine Woche Ferien bei Oma Frieda! Ich stöhnte. Das konnte ja nur langweilig werden. Missmutig lief ich in mein Zimmer und suchte einige Spielsachen aus: ein Puzzle, das ich schon lange einmal

machen wollte, ein paar Autos, mein Mau-Mau-Spiel und natürlich meine heiß geliebte Stoffschildkröte. Ohne die ging gar nichts. Dann rückte Oma Frieda an, und diesmal trug sie den verrücktesten Hut, den ich je gesehen hatte. Er war groß wie ein Wagenrad, giftgrün und mit rosafarbenen Rosen bedeckt.

„Hallo Bertram", begrüßte sie mich freundlich, „bist du bereit?"

Kurze Zeit später saßen wir im Zug. Vier Stunden Fahrzeit lagen vor uns, und ich überlegte, wie ich die Zeit am besten rumkriegen könnte. Sollte ich vielleicht ein kleines Nickerchen machen?

„Zug fahren ist doch etwas Herrliches!", rief Oma gerade, als ich die Augen schließen wollte. „Allerdings auch ein bisschen gefährlich."

„Gefährlich? Wieso?", fragte ich zaghaft und setzte mich kerzengerade hin.

„Na, du ahnst ja nicht, was ich im Zug alles schon erlebt habe", sagte Oma geheimnisvoll. „Am allerspannendsten aber war die

Nachtfahrt von Wien nach Prag, als die Zugmonster in mein Abteil kamen!"

„Zugmonster", rief ich überrascht, „was ist denn das?"

Oma zögerte. „Ich weiß wirklich nicht, ob ich dir diese Geschichte erzählen soll", überlegte sie, „du bist mir fast noch ein bisschen zu klein. Wer weiß, ob ich dir nicht zu viel Angst mache?"

„Pah!", protestierte ich und war plötzlich putzmunter. „Ich bin schon fast sieben und hab vor überhaupt nichts Angst!"

Das mit dem großen Hund vom Nachbarn und vom starken Tom aus der Parallelklasse brauchte Oma ja nicht zu wissen.

„Nun gut", meinte Oma, „dann mach's dir bequem. Also, das mit den Zugmonstern war so: Ich fuhr mit dem Nachtzug von Wien nach Prag und hatte ein schönes Schlafwagenabteil für mich ganz alleine. Da ich aber etwas empfindlich bin, hatte ich mir eine große Kanne Baldriantee gekocht. Baldrian beruhigt nämlich, und ich hoffte, damit besser einzuschlafen. Ich hatte schon drei Tassen getrunken, lag aber immer noch hellwach da, und das hatte drei Gründe: Der erste war, dass der Zug furchtbar wackelte und schaukelte, sodass ich im Bett hin und her rutschte. Der zweite war das ständige Geräusch ‚Tetim-Tetim-Tetim', das der Zug beim Fahren machte, und der dritte Grund war, dass die Lok dauernd hupte, sobald es in einen Tunnel ging. Und zwischen Wien und Prag gibt es eine Menge Tunnel, das kannst du mir glauben!

Ich lag also wach und fluchte ein bisschen vor mich hin. Da klopfte es an meiner Tür!

Nanu, dachte ich, meine Fahrkarte hab ich doch schon gezeigt und fürs Frühstück ist es noch viel zu früh.

Im Nachthemd öffnete ich die Tür und traute meinen Augen nicht. Dort standen drei kleine Monster, jawohl, Monster! Eines war feuerrot, das andere himmelblau und das letzte schließlich gelb wie eine Dotterblume.

‚Irgendwelche Beschwerden?', fragten sie einstimmig und ziemlich unfreundlich.

Ich bat sie trotzdem herein, und sie setzten sich auf meine Bettkante.

‚Und ob', sagte ich gereizt, ‚ich kann nämlich wegen des Lärms und des Geruckels nicht schlafen. Und Omas brauchen ihren Schlaf, sonst werden sie knatschig!'

Die drei Monster kicherten. ‚Daran sind wir schuld', gaben sie zu, ‚einer macht das ‚Tetim-Tetim-Tetim', der andere hupt, und der dritte schubst den Zug hübsch hin und her. Das ist ein Spaß! Manchmal fällt sogar ein Fahrgast aus dem Bett. Hihi!'

‚Das ist aber gar nicht nett von euch', meinte ich entrüstet, ‚warum lasst ihr denn die guten Leute nicht schlafen?'

‚Weil wir Monster sind, Zugmonster um genau zu sein. Und du solltest in deinem Alter eigentlich wissen, dass Monster von Natur aus böse sind!'

‚So alt bin ich ja nun auch wieder nicht', erwiderte ich beleidigt.
‚Nun sagt aber mal, warum ihr eigentlich zu mir gekommen seid.'
‚Wir wollten gucken, ob du schläfst. Und vielleicht was zu essen klauen. Du hast aber so herrlich geflucht, dass wir dich kennenlernen wollten.'
‚Hm, ein paar Kekse hab ich noch und Tee!'
Ich schenkte jedem der drei Monster eine große Tasse ein. Fröhlich knabberten sie meine Erdnussplätzchen dazu und baumelten mit ihren kurzen Beinchen.

Dann fing das erste Monster an zu gähnen. Und das zweite. Und das dritte. Und ehe noch der letzte Keks gegessen war, schliefen sie so tief und fest wie Maulwürfe.
Natürlich, dachte ich, die haben den Baldriantee nicht vertragen.

Das Beste aber war, dass der Zug plötzlich nicht mehr wackelte. Und das ‚Tetim-Tetim-Tetim' war auch nicht mehr da. Und keiner hupte mehr.

Vorsichtig hob ich die drei kleinen Gesellen von meinem Bett und legte sie sanft auf den Bettvorleger.

Ich schlief wie ein Stein bis zum nächsten Morgen. Die drei Monster lagen immer noch da und waren durch nichts wach zu kriegen.

Ich kletterte über sie hinweg und stieg aus. Inzwischen war ich nämlich in Prag angekommen. Ha, und ich sehe gerade, wir sind schon in Bremen. Du, Bertram, jetzt dauert es nicht mehr lange."

„Das war eine tolle Geschichte, Oma", sagte ich, „und bitte sag einfach Berti zu mir, so wie alle meine Freunde."

„Aber gerne, Berti", antwortete Oma Frieda und rückte ihren Hut zurecht. „Du weißt doch aber wohl, dass Bertram der Name eines berühmten Grafen aus Hamburg ist? Und dass dieser Graf genau in dem Zimmer gewohnt hat, in dem du schlafen wirst?"

„Nein, Oma, das wusste ich nicht", stammelte ich aufgeregt.

„Na, dann erzähl ich dir mal vom braven Bertram dem Besonderen. Die Geschichte ist aber ziemlich lang. Ich weiß nicht, ob wir die bis Hamburg noch schaffen!"

„Bestimmt, Oma!", drängelte ich und setzte mich bequem hin.

Auf einmal war ich mir ganz sicher, dass das keine langweiligen Ferien werden würden!

Thorolf der Fürchterliche

Thorolf war der wildeste unter den wilden Wikingern. An Land und auf See wurde er nur „Thorolf der Fürchterliche" genannt, denn überall verbreitete er Angst und Schrecken. Man brauchte nur zu sagen: „Thorolf der Fürchterliche kommt", und schon erzitterten alle. Kinder begannen zu kreischen, Frauen brachen in lautes Wehklagen aus, und selbst die kühnsten Männer bekamen Schüttelfrost.

„Sie haben alle Angst vor mir. Und du wirst einmal genauso werden wie ich", sagte Thorolf zufrieden zu seinem Sohn Finn.

„Nein", antwortete Finn.

„Dann haben sie nämlich auch alle Angst vor dir", fuhr Thorolf fort. „Sie werden dich Finn Fürchterlich nennen."

„Nein", wiederholte Finn.

„Deshalb werde ich dir ab sofort beibringen, wie man ein wilder Krieger wird."

„Nein", sagte Finn zum dritten Mal. Und zum ersten Mal hörte Thorolf es auch. Er glaubte aber, er habe falsch gehört.

„Sagtest du eben Nein?", bohrte er nach.

„Ich sagte Nein", bestätigte Finn.

„Nein? Was soll das heißen: Nein?" Thorolf hob die Stimme, sodass er noch in der entferntesten Wikingerhütte zu hören war.

„Nein heißt, ich will nicht dein Nachfolger werden", erklärte Finn. „Nein heißt, ich will nicht, dass alle Angst vor mir haben. Nein heißt, ich will kein wilder Krieger werden."

„Aber was, bei Odin, willst du denn dann werden?", schrie Thorolf.

„Ein Schiffsbauer. Ich will viele große Schiffe bauen."

Thorolf bekam Schüttelfrost, als er das hörte. „Dein Name ist Finn Fürchterlich! Du bist der Sohn des wildesten unter den wilden Wikingern! Und dann willst du nur ein dummer Handwerker werden und irgendwelche Kähne bauen?"

„Aber ein Handwerker ist nicht dumm", widersprach Finn. „Und ohne Schiff kannst du nicht zum Fischen aufs Meer hinausfahren. Ohne Schiff kannst du keine fremden Länder entdecken. Ohne Schiff kannst du nicht einmal auf deine Beutezüge gehen."

Thorolf brummelte ein bisschen vor sich hin, aber er musste zugeben, dass Finn recht hatte. Ohne Schiff war ein Wikinger

eigentlich gar kein richtiger Wikinger. Mit schmeichelnder Stimme versuchte er es noch einmal: „Willst du denn nicht trotzdem lieber ein wilder Krieger werden? Die Schiffe können doch andere bauen."
„Nein", entgegnete Finn entschieden. Und nach einem kurzen Zögern fuhr er fort: „Ich habe sogar schon angefangen, ein Schiff zu bauen."

Thorolf wollte seinen Ohren nicht trauen. Da musste er doch etwas falsch verstanden haben!

„Womit hast du angefangen?", fragte er deshalb noch einmal nach.

„Ich habe angefangen, ein Schiff zu bauen", wiederholte Finn.

„Das will ich sofort sehen", verlangte Thorolf.

Finn führte ihn zu seiner Baustelle. Als er da nur ein paar schief zusammengenagelte Planken sah, schüttelte es Thorolf schon wieder. „Das soll ein Schiff werden?", rief er entsetzt.

„Allein kann ich es eben nicht so gut", gab Finn zu.

Da griff Thorolf selbst zum Werkzeug. Finn half ihm. Aber zwei Menschen allein können auch kein Drachenschiff bauen, selbst wenn einer von ihnen der wildeste unter den wilden Wikingern ist. Deshalb gesellte sich nach und nach das ganze Dorf hinzu. So entstand das schönste und größte und beste Schiff, das je von Wikingern gebaut worden war. Von weit her kamen Seefahrer angereist und wollten es kaufen. Daraufhin bauten Thorolf und Finn mit Hilfe des ganzen Dorfes das zweite Schiff. Und danach das dritte.

So verstrichen die Wochen und Monate und Jahre. Aus Finn ist wirklich ein großer Schiffsbauer geworden. Und Thorolf der Fürchterliche hat vergessen, dass er einmal ein wilder Krieger gewesen war.

Manolo Zirkusjunge

Das ist kein guter Tag für Manuel gewesen. Erst ist er beim Fangenspielen in die einzige Pfütze auf dem Schulhof gefallen. Dann hat er beim Tischdecken zu Hause ein Glas zerbrochen, und schließlich ist er noch in den Erdbeerkuchen getreten, der zum Abkühlen auf der Kellertreppe stand.

Nun gibt es zum Nachmittagskaffee keinen Kuchen, und Mama hat Manuel kurzerhand nach draußen befördert.
„Du bist der größte Tollpatsch aller Zeiten!", hat sie gebrüllt und die Tür zugeknallt.
Da steht Manuel nun im Garten und ist richtig sauer. Immer passieren nur ihm die blödesten Sachen. Dabei kann er doch gar nichts dafür! Das Leben ist gemein.

Schlecht gelaunt schlendert Manuel zum Bolzplatz. Vielleicht sind dort ja ein paar Jungen, mit denen er spielen kann.

Doch auf dem Bolzplatz am Stadtrand sind keine Kinder: Ein buntes Zelt steht da, umringt von vielen Wohnwagen, Käfigen und Buden.

„Ein Zirkus!", staunt Manuel. Und da fällt ihm ein, dass er in der Stadt viele Plakate gesehen hat, auf denen seltene Tiere und abenteuerlich aussehende Menschen abgebildet waren.

Ob ich einfach mal hingehe?, überlegt Manuel. Er war schon einmal in einer Zirkusvorstellung, aber so, am Tag, noch nie.

Vorsichtig nähert er sich dem ersten Wohnwagen, der gelb gestrichen ist.

„Hallo!", ruft plötzlich eine Stimme. Aus einem der Fenster schaut ein Junge heraus. „Wer bist du? Und was suchst du hier?"

„Ich ... ich heiße Manuel", stammelt Manuel erschrocken. „Und wer bist du?"

Mit einem Satz springt der Junge aus dem Fenster.

„Manolo", ruft er. „Das ist ja lustig: Wir heißen fast gleich!"

Neugierig schauen sich die beiden an.

„Ich wollte schon immer mal einen Zirkusjungen kennenlernen", fängt Manuel an. „Sag mal, machst du auch schon was im Zirkus? Ich meine richtige Kunststücke?"

„Na klar", lacht Manolo, „meinst du, ich sitz nur rum? Ich jongliere! Mit Bällen und richtigen Flaschen aus Glas. Und mit Tellern!"

„Oh Mann, das wär nix für mich", seufzt Manuel. „Ich bin nämlich ein schrecklicher Tollpatsch."

„Ach, so schwer ist es gar nicht. Am Anfang ging bei mir auch einiges kaputt. Man muss eben viel üben. He, wenn du willst, bring ich es dir bei!"

Manolo flitzt in den Wagen und kommt mit drei wunderschönen, glitzernden Bällen wieder. Er zeigt Manuel genau, wie es geht.

Zuerst üben sie nur mit zwei Bällen, dann nehmen sie einen dritten dazu. So schwer ist es wirklich nicht!

Am Schluss holt Manolo sogar einen vierten Ball, und dann werfen sie sich die Bälle beim Jonglieren zu. Es macht einen Riesenspaß!

„Prima! Ganz große Klasse!", lobt Manolo. „Wir zwei werden noch berühmt."

„Ja, und dann nennen wir uns Mano und Manu und ziehen durch die Welt", lacht Manuel. „Was für ein herrliches Leben."
Beide setzen sich auf die Treppe vor Manolos Wagen.
„Na ja, ganz so toll ist das Zirkusleben auch nicht", erzählt Manolo. „Weißt du, wir ziehen immer von Ort zu Ort. Da ist es schwer, Freunde zu finden. Und immer neue Schulen! Mathe kann ich gut, aber im Lesen bin ich noch ziemlich schlecht."
„Aber ich bin gut im Lesen!", ruft Manuel. „Was hältst du davon, wenn ich es dir beibringe? Ihr seid doch zwei Wochen hier, da komme ich nachmittags vorbei und übe mit dir!"
„Und ich mache aus dir den besten Jongleur der ganzen Stadt", schreit Manolo begeistert, „dann soll noch mal einer Tollpatsch zu dir sagen!"
Manuel springt auf: „Morgen um die gleiche Zeit!", ruft er. „Und ich bring ein spannendes Buch mit."
„Abgemacht!", erwidert Manolo. „Also dann bis morgen, Manu!"
„Bis morgen, Mano!", ruft Manuel im Wegrennen.
Zu Hause wartet Mama, die schon längst nicht mehr böse ist.
Und ein köstlich duftender Erdbeerkuchen. Mama hat einfach einen neuen gebacken.
Drei Stücke isst Manuel. Und eines hebt er auf. Das will er morgen seinem neuen Freund, Manolo, dem Zirkusjungen, mitbringen.

Kleiner Adler und Feuerblitz

Auf leisen Sohlen bewegte sich Kleiner Adler zwischen den Bäumen hindurch. Er war müde und hungrig. Den ganzen Nachmittag war er auf Streifzug durch Wald und Prärie gewesen, nun wollte er nur noch nach Hause. Denn wie sein Name schon sagte, war er eben doch noch ein ziemlich kleiner Indianer.

Ein Wiehern durchschnitt die Abendstille. Kleiner Adler blieb stehen und lauschte. Dieses Wiehern kannte jeder Indianer seines Stammes, ob groß oder klein. Dieses Wiehern gehörte dem schönsten und wildesten Hengst der Prärie: Feuerblitz, so nannten sie ihn ehrfürchtig. Sein Fell leuchtete im Sonnenlicht so rot wie Feuer, und im Galopp war er schneller als der Blitz.

Viele Menschen, ob Indianer oder Weiße, hatten schon versucht, ihn einzufangen, aber noch nie war es jemandem gelungen.

Erneut wieherte der Hengst. Es klang, als wolle er seine Herde warnen: Achtung! Lauft weg! Gleichzeitig mischte sich etwas wie Angst hinein.

Kleiner Adler vergaß seine Müdigkeit und seinen Hunger. Er folgte der Richtung, aus der er das Wiehern gehört hatte. Dann stockte er erneut. Vor ihm war der Boden zertrampelt, an den Büschen waren Zweige umgeknickt und zerbrochen, deutliche Spuren dafür, dass hier ein Kampf stattgefunden hatte.

Die meisten der Hufabdrücke auf dem Boden waren tiefer eingesunken, auf diesen Pferden hatten also Reiter gesessen. Nur ein Pferd, so las Kleiner Adler aus den Spuren, war reiterlos gewesen. Dessen Hufe hatten einen wahren Wirbel auf der Erde hinterlassen. Feuerblitz!, dachte Kleiner Adler. Sie haben es geschafft und Feuerblitz gefangen!

Vorsichtig schlich er weiter. Nach und nach hörte er auch noch andere Geräusche: Stimmen und Gelächter aus rauen Männerkehlen. Und das Knistern von Feuer.

Einen Moment zögerte Kleiner Adler. Bestimmt waren das weiße Männer, Bleichgesichter, die sich selbst Cowboys nannten. Wahrscheinlich hatten sie hier nach einem langen Tag ihr Lager aufgeschlagen. Am besten ging er ihnen aus dem Weg und brachte sich nicht in Gefahr.

Doch dann hörte er wieder das Wiehern von Feuerblitz, und da konnte er einfach nicht anders, er musste weiterschleichen, noch näher an das Lager heran. Jetzt sah er das Flackern des Feuers und die Bleichgesichter, die im Kreis darum herum hockten. Sie schwenkten ihre Becher, die bestimmt nicht nur mit Wasser gefüllt waren, lachten und prosteten sich gegenseitig zu: „Auf unseren erfolgreichen Pferdefang!"

Etwas abseits des Lagers hatten die Bleichgesichter Feuerblitz an einen Baum gebunden. Kleiner Adler huschte lautlos zu ihm hinüber.

Der Hengst war ganz erschöpft von seinen Versuchen, sich zu befreien. Seine Flanken bebten, das Fell glänzte vom Schweiß. Immer wieder zerrte er an dem Lasso, mit dem er gefesselt war. Als er Kleiner Adler bemerkte, legte er die Ohren an und blähte die Nüstern.

„Hab keine Angst", flüsterte Kleiner Adler. „Ich will dir nur helfen." Feuerblitz schien seine Worte zu verstehen, denn er wurde still. Reglos stand er und schaute den Indianerjungen an. Vorsichtig streckte Kleiner Adler die Hand nach ihm aus.

Drüben am Lagerfeuer rief einer der Männer: „Wir werden das Pferd auf einem Rodeo reiten und viel Geld damit verdienen!"

Kleiner Adler fuhr hoch bei diesen Worten, und Feuerblitz erschrak vor seiner plötzlichen Bewegung. Mit geweiteten Augen zuckte er

vor der Hand des Jungen zurück. „Rodeo!", wiederholte Kleiner Adler flüsternd. Das Herz wurde ihm schwer, denn er wusste, was ein Rodeo war: Dort führten die Bleichgesichter das Reiten auf wilden Pferden vor. Je wilder das Pferd, umso schwerer war es natürlich für den Reiter, sich im Sattel zu halten. Und umso spannender fanden es die Zuschauer.

Nein, Feuerblitz, dieser schöne, stolze Hengst, durfte nicht auf so einem Rodeo den gaffenden Bleichgesichtern vorgeführt werden. Feuerblitz durfte überhaupt nicht eingesperrt sein. Feuerblitz war ein Wildpferd, er gehörte nicht auf eine Koppel oder an einen Zügel. Er gehörte in die unendlichen Weiten der Prärie, zu seiner Herde. Er musste frei sein.

„Ich helfe dir", versprach der Indianerjunge. „Ich werde dich befreien, Feuerblitz!" Wieder streckte er die Hand aus, und diesmal zuckte Feuerblitz nicht zurück. Rasch löste Kleiner Adler das Lasso, mit dem der Hengst an den Baum gebunden war.

Für den Bruchteil einer Sekunde stand Feuerblitz noch still, schaute den Jungen mit seinen dunkel glänzenden Augen an. Danke, schienen sie zu sagen, danke, Kleiner Adler, du hast mich gerettet. Oder bildete er sich das nur ein? Dann machte das Pferd einen Satz und preschte zwischen den Bäumen hindurch davon. Eines der Bleichgesichter wurde auf die Geräusche aufmerksam.

„Hört doch", rief der Mann, „das Pferd muss sich losgerissen haben!"

Nun wurde es für Kleiner Adler aber wirklich höchste Zeit zu verschwinden. Schnell wollte er davonlaufen. Aber ach, Kleiner Adler war zwar mutig und besaß ein großes und mitfühlendes Herz, aber er war auch müde und hungrig und doch noch recht klein. Und so stolperte er über die hochragende Wurzel eines Baumes,

und als er sich wieder aufgerappelt hatte, da stand einer der weißen Männer vor ihm.

„Sieh an, eine kleine Rothaut", sagte er. „Hast du etwa das Pferd losgebunden?" Dabei machte er ein ziemlich böses Gesicht. Kleiner Adler wollte an ihm vorbeiflitzen, aber das Bleichgesicht packte ihn am Arm. Kleiner Adler bekam Angst. Was sollte er nun tun? Er wünschte so sehr, er wäre schon ein Großer Adler!

Doch da nahte unerwartete Hilfe. Hufe donnerten über die Erde, und dann sprengte ein Pferd durch die Büsche. Feuerblitz war zurückgekommen! Mit einem lauten Wiehern bäumte er sich vor dem Bleichgesicht auf. Der Mann ließ vor Schreck den Arm von Kleiner Adler los und stolperte ein paar Schritte rückwärts.

Der Junge nutzte die Gelegenheit und rannte davon, so schnell er konnte. Neben ihm galoppierte das Pferd. Es wich nicht von seiner Seite. Als er stehen bleiben musste, um Atem zu holen, blieb auch Feuerblitz stehen.

„Feuerblitz", flüsterte Kleiner Adler, „hörst du die Bleichgesichter hinter uns? Ich bin nicht schnell genug. Nimmst du mich mit?"
Feuerblitz schnaubte und senkte den Kopf. Da kletterte Kleiner Adler auf seinen Rücken. Reiten konnte er, seit er laufen gelernt hatte. Aber noch nie war er auf so einem Pferd geritten! Es schien über die Prärie zu fliegen. Die Stimmen der Bleichgesichter waren schon längst nicht mehr zu hören. Gemeinsam waren sie ihnen entkommen.

Kurz bevor sie die Zelte der Indianer erreicht hatten, blieb Feuerblitz stehen. Kleiner Adler wusste, dass er sich nun von seinem neuen Freund trennen musste. Er legte die Arme um seinen Hals und schmiegte sich an das Fell.

„Danke", sagte er, „danke, Feuerblitz, du hast mich gerettet!" Dann rutschte er vom Rücken des Pferdes herab.

Feuerblitz wieherte und galoppierte davon, zurück zu seiner Herde. Und Kleiner Adler konnte endlich nach Hause rennen. Dort, im Zelt seiner Eltern, umgeben von den anderen Familien seines Stammes, war er sicher und geborgen. Nachher am Lagerfeuer, da würde er ihnen allen eine Menge zu erzählen haben.

Dominik und das Lieblingsauto

„Tatütata!" Das Polizeiauto rast die Straße entlang, vorbei an einer Schlange Autos, die im Stau stehen. Vorne an der Kreuzung ist ein Unfall passiert, und da muss das Polizeiauto so schnell wie möglich hin. „Tatütata!"

„Ihr müsst jetzt aufräumen, Kinder", unterbricht die Erzieherin Petra das Sirenengeheul von Dominik. „Danach machen wir zum Abschluss noch unseren Stuhlkreis."

„Manno", mault Dominik. Ist der Kindergartentag wirklich schon zu Ende? Er könnte noch ewig weiterspielen und am liebsten immer nur mit dem Polizeiauto.

Finn greift mit beiden Händen nach den Stauautos und wirft sie in die Spielzeugkiste. „Jetzt hilf schon mit", beschwert er sich.

„Ja, ja", sagt Dominik. Aber das Polizeiauto scheint an ihm festgeklebt zu sein. Er kann es einfach nicht in die Kiste räumen. Zu Hause hat Dominik massenweise Autos. Wenn Oma und Opa zu Besuch kommen, bringen sie ihm immer eins mit, weil sie wissen, dass er am liebsten mit Autos spielt. Aber ein Polizeiauto war bei diesen Geschenken leider noch nicht dabei.

Dominik seufzt. „Ohne Polizeiauto kann man doch gar nicht richtig Auto spielen", überlegt er. Wie soll man denn zum Beispiel einen Unfall aufnehmen ohne Polizeiauto? Wie soll man Verbrecher

fangen ohne Polizeiauto? Wie soll man Autofahrer in Not retten oder entlaufene Tiere? Genau genommen kann man überhaupt nichts spielen ohne Polizeiauto.

Dominik schaut sich um. Die Kinder tragen gerade ihre Stühle in den Kreis. Petra dreht ihm den Rücken zu. Finn holt einen Rennwagen unter dem Regal hervor. Keiner kümmert sich um Dominik.

Und da passiert es einfach. Das Polizeiauto verschwindet in Dominiks Hosentasche. Wie von selbst schiebt seine Hand es da hinein.

Petra kommt noch einmal in die Spielecke. „Seid ihr so weit?", fragt sie.
„Gleich", schnauft Finn. Er dreht sich suchend um. „Wo ist jetzt das Polizeiauto?"
„Hab ich schon aufgeräumt", kommt es aus Dominiks Mund. Und Dominiks Herz klopft dabei ganz schnell.
„Was wollen wir denn noch zum Abschluss spielen?", fragt Petra, als alle Kinder im Kreis sitzen.
„Mein rechter rechter Platz ist frei", ruft Sina.
„Ja! Ja!", stimmen alle Kinder begeistert zu.

Alle außer Dominik. Der muss nämlich auf das Polizeiauto aufpassen. Wäre ja oberpeinlich, wenn ihm das aus Versehen aus der Hosentasche fiele!

Sina darf anfangen. Sie klopft auf den leeren Stuhl neben sich und sagt: „Mein rechter rechter Platz ist frei, ich wünsche mir die Anne herbei." Das war klar. Sina und Anne sind die allerdicksten Freundinnen. Danach ist Svetlana dran. Sie wünscht sich Marie herbei. Murat wünscht sich Tom herbei. Alina wünscht sich Daniel herbei. Und so geht es immer weiter.

„Dominik!", ruft Finn.

„Was?" Dominik fährt hoch, sodass er einen Moment glaubt, jetzt kracht ihm das Polizeiauto doch noch auf den Boden. Er presst die Hand an seine Hosentasche.

„Ich wünsche mir den Dominik herbei", wiederholt Finn.

Die anderen Kinder kichern, weil Dominik nicht aufgepasst hat. Und dann kichern sie, weil Dominik sich so komisch krümmt, als er auf den Platz neben Finn schlüpft. Und dann kichern sie, weil ihm

überhaupt nicht einfällt, wen er sich eigentlich herbeiwünschen soll, als sein rechter Platz frei ist.

Also irgendwie macht das Spiel heute keinen Spaß. Es macht sowieso keinen Spaß, ein Spiel zu spielen, wenn man gleichzeitig auf ein Polizeiauto in seiner Hosentasche aufpassen muss.

Und da gibt sich Dominik einen Ruck und fragt mit klopfendem Herzen: „Petra, darf ich mir das Polizeiauto ausleihen?"

Petra macht ein verdutztes Gesicht. Aber dann sagt sie: „Ja, das darfst du, Dominik. Ausnahmsweise, weil du das Auto nicht einfach so mitgenommen, sondern gefragt hast. Aber du musst es morgen bestimmt wieder mitbringen."

„Ganz bestimmt", versichert Dominik.

Später holt Papa ihn vom Kindergarten ab, und da ist Dominik so was von froh, dass er das Polizeiauto nicht einfach mitgenommen, sondern richtig ausgeliehen hat! Denn jetzt muss er das Auto nicht mehr in der Hosentasche verstecken, sondern er kann es Papa stolz zeigen. Und zu Hause muss er nicht heimlich, still und alleine damit spielen, sondern er kann mit Papa zusammen Unfälle bauen, Verbrecher jagen und Autofahrer in Not und entlaufene Tiere retten. Und dabei rast das Polizeiauto mit „Tatütata" durch die Straßen. Ganz laut und den ganzen Abend lang.

Keine Angst vor Familie Monster

Familie Monster war eine ganz normale Monsterfamilie. Das heißt, sie waren alle hässlich, sie konnten alle ganz fürchterlich laut brüllen, und sie jagten den Menschen Angst ein. Wie sich das eben so gehört für ordentliche Monster.

Nur Buh, das jüngste Monsterkind, fiel aus der Reihe. Buh war klein und so knuddelig wie ein Teddy. Er war weder hässlich noch konnte er brüllen, und Angst jagte er erst recht niemandem ein.

„Man muss sich ja schämen für dich", grollte der Monstervater.

„So etwas darfst du nicht sagen", widersprach die Monstermutter und zog Buh schützend in ihre Monsterarme. Mütter lieben nun mal ihre Kinder, egal ob sie schön sind oder hässlich. Das ist bei den Monstermüttern nicht anders als bei den Menschenmüttern.

Aber Sorgen machte sich die Monstermutter schon um den kleinen Buh. Denn statt anderen Angst einzujagen, hatte er selbst Angst. Und statt zu lernen, wie man ordentlich brüllt, setzte er sich lieber in die Ecke, las Bücher und dachte nach.

„Das muss man sich mal vorstellen", grollte der Monstervater. „Ein Monster, das Bücher liest! Ein Monster, das nachdenkt! Wo gibt's denn so was?"

Und damit Buh endlich lernte, sich wie ein richtiges Monster zu benehmen, schickte der Monstervater ihn mit seinen beiden großen

Brüdern Kreisch und Brüll los, um die Menschen in der Villa auf dem Hügel zu erschrecken. Buh wäre zwar viel lieber zu Hause in seinem Bett liegen geblieben und hätte gelesen, aber das traute er sich nicht zu sagen. Gehorsam tappte er hinter seinen Brüdern her den Hügel hinauf.

„Wir müssen erst ein offenes Fenster zum Reinklettern finden", erklärte Brüll seinem kleinen Bruder Buh. Denn ein Monster ist ja kein Gespenst, das einfach durch Türen und Wände gehen kann. Also schlichen die drei um die Villa herum, aber sie fanden dabei nur ein einziges gekipptes Fenster.

„Du bist der Kleinste, Buh. Du musst durch den Spalt kriechen und uns dann von innen das Fenster öffnen", flüsterte Kreisch.

Ängstlich spähte Buh durch die Scheibe. Aber als er sah, dass in dem Zimmer lauter Bücherregale standen, quetschte er sich sofort durch den Fensterspalt. Anschließend zog er eines der Bücher aus dem Regal und begann zu lesen.

Kreisch fuchtelte wild mit den Armen, aber Buh merkte nichts.

Brüll klopfte leise gegen die Scheibe. Buh merkte immer noch nichts. Er war völlig in das Buch versunken.

Erst als Brüll schon gegen die Fensterscheibe trommelte, erinnerte Buh sich wieder daran, warum sie eigentlich hier waren.

Hastig öffnete er das Fenster, damit auch seine beiden Brüder hineinklettern konnten.

„Aus dir wird nie ein richtiges Monster, wenn du deine Nase immer nur in Bücher steckst", schimpfte Kreisch und zog Buh in den dunklen Flur.
Dann erklärte er ihm: „Jetzt suchen wir das Kinderzimmer. Kinder haben nämlich am meisten Angst vor Monstern."

Er öffnete vorsichtig die erste Tür im Flur und spähte hinein.
„Ist da ein Kind drin?", fragte Buh mit zitternder Stimme.
„Nein, das ist eine Abstellkammer", antwortete Kreisch enttäuscht.
„Hier gibt es nur Putzeimer, Wischlappen und Werkzeug."
Er hatte den Satz kaum zu Ende gesprochen, da ging nebenan eine Tür auf, an der ein Schild mit krakeligen Buchstaben hing.
„Jojo", las Buh. Im Licht einer Nachttischlampe erschien ein kleiner Junge im Türrahmen. Das war bestimmt dieser Jojo. Brüll und Kreisch ruderten sofort mit den Armen und holten tief Luft, um so

richtig monstermäßig loszubrüllen und loszukreischen. Buh fürchtete sich und begann zu zittern.

Jojo sagte: „Ich hab aber keine Angst."

Brüll ließ die Arme sinken. Kreisch schnaufte vor Erstaunen. Buh fürchtete sich nicht mehr ganz so sehr und fragte neugierig: „Und warum nicht?"

„Weil es euch gar nicht gibt", lachte Jojo.

„Was? Uns gibt es nicht?", brüllte Kreisch. „Und was siehst du dann gerade?"

Jojo lachte immer noch. „Ich träume, dass ich zwei Monster und einen Knuddelteddy sehe."

„Du träumst nicht", kreischte Brüll. „Du siehst uns wirklich."

Aber Jojo wollte überhaupt nicht aufhören zu lachen. Prustend, wiehernd und kichernd trat er auf die drei Monsterbrüder zu. Vor lauter Erstaunen wichen sie ein paar Schritte zurück.

Im nächsten Augenblick hatte Jojo ihnen die Tür vor der Nase zugeschlagen und den Schlüssel umgedreht. Sie waren in der dunklen Abstellkammer gefangen.

„Monster!", hörten sie Jojo noch quieken. „Ich hab von zwei Monstern und einem Knuddelteddy geträumt!" Dann fiel seine Zimmertür ins Schloss und es wurde still.

Kreisch konnte sich kaum fassen vor Wut. „Das hat man nun davon, wenn man mit Buh zusammen Menschen erschrecken soll. Man wird ausgelacht! Man wird eingesperrt!"

Brüll rüttelte an der Tür. Vergeblich. Sie waren tatsächlich gefangen.

Da sagte Buh leise: „Ich weiß, wie wir hier herauskommen."

Staunend sahen die Brüder zu, wie Buh einen Wischlappen so unter dem Türspalt hindurchschob, dass er gerade noch einen Zipfel davon fassen konnte. Dann stocherte er mit einem Schraubenzieher im Türschloss herum, bis der Schlüssel auf der anderen Seite auf den Lappen fiel. Nun brauchte er ihn nur noch unter dem Türspalt hindurchzuziehen und aufzuschließen, schon waren sie frei.

So schnell sie konnten, rannten die drei Monsterbrüder nach Hause und erzählten den Eltern von ihrem Abenteuer. Die Monstermutter umarmte ihre Kinder und war glücklich, sie heil wiederzuhaben. Der Monstervater rief: „Aber wie bist du nur auf diese großartige Idee mit dem Schlüssel gekommen, Buh?"

„Ach, das war ganz einfach", antwortete Buh bescheiden, „es stand in dem Buch, das ich in der Villa gefunden habe."

„Ich hab es ja gewusst", sagte der Monstervater voller Stolz. „Aus dir wird mal ein richtig gutes Monster."

Trolle im Nebel

„Auf in den Kampf! Wir werden unsere Feinde besiegen!", brüllt Ulf und will hinter einem Busch hervorspringen.

Erik hält ihn zurück. „Unsere Feinde sind doch die Trolle", erinnert er seinen Bruder. „Und die können wir nur mit einer List besiegen."

Ulf stutzt und überlegt. „Stimmt. Wir kreisen sie ein. Du schleichst dich von der rechten Seite an und ich mich von der linken."

Geduckt kriechen die beiden durchs Gebüsch. Dann stürmen sie gleichzeitig von zwei Seiten los. Erik schlägt einen Purzelbaum durch das Laub. Ulf kugelt über ihn drüber. Außer Atem bleiben sie liegen.

„Wir haben die Trolle besiegt", erklärt Ulf feierlich.

„Wir haben sie überlistet", ergänzt Erik.

Jetzt sind sie zufrieden und sehr hungrig. Einen ganzen Bären könnten sie verspeisen! Aber bis die Mutter das Essen fertig hat, dauert es noch eine halbe Ewigkeit. So lange können sie auf keinen Fall warten. Deshalb packen sie das Fischernetz in ihr kleines Boot und rudern los, um sich selbst etwas zu essen zu fangen.

„Wir werden verfolgt von den Friesen", fantasiert Ulf.

„Wir müssen schneller rudern, um ihnen zu entkommen", fällt Erik ein.

Als sie weit draußen auf dem Meer sind, haben sie schon die Friesen besiegt, ein Seeungeheuer erlegt und einen Sturm

abgewettert. Nun können sie endlich das Fischernetz auswerfen.
Nur kurze Zeit später gibt es ein leichtes Ziehen. Da zappelt ja schon ein Fisch im Netz!
„Das ist bestimmt ein riesiger Schwertfisch!", schreit Erik.
„Nein, ein Hai!", brüllt Ulf.
Sie schmeißen sich auf die Bootskante und zerren am Netz. Das kleine Boot schwankt.
„Pack du ihn an der Schwanzflosse", keucht Ulf. „Ich versuche das Netz einzuholen."
Erik greift ins Wasser. Ulf zieht am Netz. Gemeinsam plumpsen sie zurück ins Boot. Im Netz zappelt ein kleiner Dorsch.

„Das wird ein tolles Abendessen", sagt Ulf zufrieden und greift zum Ruder. Nun haben sie alle Abenteuer bestanden und können zurück nach Hause, um sich als Helden feiern zu lassen.

„Ulf, in welche Richtung müssen wir denn rudern?" Eriks Stimme klingt auf einmal nicht mehr nach Spiel. Ja, sie klingt fast ein bisschen nach Angst. Nicht nach gespielter, sondern nach echter Angst. „Dreh dich mal um, Ulf."
Und Ulf dreht sich um. Da kriecht eine graue Wand über das Wasser, hüllt alles ein und lässt das Land verschwinden.
„Seenebel", flüstert Ulf und kann dabei nicht verhindern, dass seine Zähne aufeinander schlagen. „Nichts wie zurück nach Hause."
Bloß, wo ist dieses Zuhause? Rings um sie herum ist alles nur noch grau.
„Wir warten, bis der Seenebel verschwindet", schlägt Erik vor. Seine Stimme zittert dabei auch nur ein bisschen.
„Klar", stimmt Ulf zu. „Seenebel ist ja meist schnell wieder weg."
„Und es ist ein tolles Abenteuer, so im Seenebel auf dem Meer", meint Erik.
„Hm", macht Ulf. Aber von Abenteuern hat er für heute eigentlich genug.
„Bevor wir verhungern, können wir ja immer noch unseren Hai aufessen", sagt Erik und schaut auf den kleinen Dorsch, der in ihrem Boot liegt.
„Hm", macht Ulf wieder.
Danach sitzen sie eine lange Weile still im Nebel. Sogar das Meer ist still. Keine Welle kräuselt sich. Der Seenebel weicht nicht.

„Und wenn nun die Trolle von vorhin einfach übers Wasser kommen?", flüstert Ulf auf einmal.
„Was?" Erik fährt hoch. „Mann, Trolle gibt's doch gar nicht. Das haben wir doch bloß gespielt."

„Klar", nickt Ulf. „Trolle gibt's gar nicht. Das haben wir bloß gespielt."
Aber er klingt nicht sehr überzeugt.
Nach einer weiteren Ewigkeit im grauen Nebel packt Erik die Ruder.
„Ich rudere jetzt los, sonst versauern wir hier noch. Das Ufer kann doch gar nicht weit sein."
Ulf widerspricht nicht. Aber während er rudert, denkt er ständig: Und wenn sie nun in die falsche Richtung rudern? Wenn sie nun aufs offene Meer hinaus rudern statt zum Ufer?
Lange rudern sie. Sehr lange. So lange haben sie doch vorhin auch nicht gebraucht!
Doch dann rummst es, und mit einem leisen Knirschen gleitet das Boot aufs Ufer. Sie sind an Land! Rasch springen sie aus dem Boot. Noch immer liegt Nebel über allem. Nebel über dem Ufer, Nebel über den Bäumen, Nebel über dem ganzen Land. Alles sieht ganz anders aus als sonst. Sind sie hier überhaupt zu Hause?
„Ich glaube, wir sind ganz woanders gelandet", flüstert Ulf.
Erik schluckt. Vorsichtig tasten sie sich durch den Nebel voran. Nichts kommt ihnen bekannt vor. Nichts erkennen sie wieder.
Hier waren sie bestimmt noch nicht. Noch nie! Dumpfe Laute dringen durch den Nebel zu ihnen.
„Das sind die Trolle!" Ulf ist schreckensstarr. Erik drängt sich an ihn. Das ist wirklich kein Spiel mehr.
„Ulf! Erik!" Dieser Troll kennt sogar ihre Namen!

Im Nebel taucht ein Umriss auf. Er schwenkt die Arme. Erik schaut sich verzweifelt nach etwas um, womit er den Troll abwehren kann. Zur Not muss er ihm eben das Ruder über den Kopf hauen.
Unmittelbar vor ihnen tritt die Gestalt aus dem Nebel. Es ist kein Troll. Es ist die Mutter. „Da seid ihr ja", sagt sie erleichtert. „Ich hatte schon Angst, ihr habt euch im Nebel verirrt."
„Ach was", antwortet Ulf nach einer kurzen Pause. „Wir sind doch geübte Seefahrer."
„Und geübte Abenteurer", fügt Erik hinzu.
Und dann umarmen sie ihre Mutter ganz fest.

Der geheimnisvolle Dienstag

„Gib den Ball ab!" „Dribbel ihn aus!" „Los jetzt, Torschuss!"
Mischa, Jan und Paul spielen Fußball auf dem Schulhof. Das machen sie in jeder Pause. Überhaupt in jeder freien Minute. Auch nachmittags treffen sie sich, um miteinander zu kicken. Jetzt schießt Jan den Ball auf Mischa, der zwischen einem Turnbeutel und einer Regenjacke den Torwart spielt. Mischa streckt sich und lenkt den Ball in letzter Sekunde mit den Fingerspitzen am Tor vorbei. Er fliegt genau auf Jessie und ihre Freundinnen zu.
„Hoffentlich darf ich heute auf Taifun reiten", sagt Jessie gerade. „Der ist das süßeste Pferd im ganzen Reitstall. Schon wenn ich ihm den Sattel auflege …" In diesem Moment prallt der Ball Jessie genau in den Rücken.
„Aua! Ihr seid ja solche Blödis!", schreit Jessie los. „Und dreckig bin ich jetzt auch." Sie zupft an ihrem rosa T-Shirt, auf dem ein dicker Schmutzfleck prangt.
„Tut mir leid", murmelt Mischa. Seine Freunde lachen bloß.
„Typisch Mädchen", sagt Paul. „Quatschen den ganzen Tag von ihren blöden Pferden und kriegen einen Anfall, wenn ihre Klamotten auch nur ein Stäubchen abkriegen."
Es klingelt zum Unterricht. Die Pause ist vorbei. Jan sagt: „Wir spielen heute Nachmittag weiter."

„Heute Nachmittag kann ich nicht", sagt Mischa.
„Wieso nicht?", will Jan wissen.
Mischa murmelt irgendetwas, aber so leise, dass es keiner versteht.
„Was hast du denn vor?", bohrt Jan noch einmal nach.
Für ihn gibt es nur einen Grund, sich nachmittags nicht zum Fußball spielen zu treffen: höhere Gewalt. Die tritt immer dann ein, wenn Eltern einen daran hindern.
Aber Mischa sagt nichts von Eltern. Er sagt überhaupt nichts, sondern rennt los zum Klassenzimmer.
„Warte mal!", ruft Jan und will ihm hinterher.
Paul hält ihn fest. „Hast du das noch nicht gemerkt? Heute ist Dienstag. Immer dienstags hat Mischa keine Zeit."

Das ist Jan noch gar nicht aufgefallen. Aber es stimmt. Was mag das nur Geheimnisvolles sein, was er da vorhat? Das müssen sie unbedingt herausfinden.

Gleich nach dem Mittagessen treffen sie sich mit ihren Rädern vor Mischas Haustür und schieben Wache. Um nicht aufzufallen, verstecken sie sich hinter ein paar Büschen. Sie müssen nicht mal besonders lange warten, bis die Haustür aufgeht und Mischa erscheint. Er holt sein Fahrrad aus dem Schuppen und saust davon.

„Los, hinterher!", zischt Jan und will sofort losradeln.

Paul hält ihn zurück. „Das ist viel zu auffällig! Wir müssen Abstand halten, sonst bemerkt er uns sofort."

Erst als Mischa schon fast um die Kurve gefahren ist, strampeln auch Jan und Paul los. Sie müssen gut aufpassen, denn die Straße ist stark befahren. Doch schon nach ein paar Metern streckt Mischa den linken Arm aus und biegt in eine Nebenstraße ab. Die Freunde

folgen ihm. An der nächsten Abzweigung biegt Mischa wieder ab. Und dann noch einmal. Jetzt sind sie auf einer ganz schmalen Seitenstraße, auf die sich kaum ein Auto verirrt.
„Der hat uns längst bemerkt und will uns veralbern", vermutet Jan. Aber Paul ahnt etwas. „Hast du nicht das Schild vorhin gesehen? Da stand ‚Reiterhof' drauf."
Jan bremst so abrupt, dass Paul ihm beinahe ins Hinterrad donnert. „Reiterhof? Du meinst, Mischa fährt dienstags immer zum Reiterhof?" Jan ist fassungslos. Denn das kann nur eins bedeuten: Sie, die besten Fußballcracks der ganzen Stadt, haben einen Freund, der reiten lernt. Einen Freund, der sich im selben Reitstall herumtreibt wie die zickige Jessie und ihre Freundinnen!
Mischa scheinen seine Verfolger tatsächlich noch nicht aufgefallen zu sein. Am Reiterhof steigt er vom Fahrrad und verschwindet im Stall. Jan und Paul bleiben stehen und schauen sich ein wenig ratlos an. Doch bevor sie wissen, was sie nun eigentlich machen sollen, sagt eine Stimme hinter ihnen: „Hey, das find ich ja super, dass ihr heute auch zum Reitunterricht kommt."
Jan und Paul fahren herum. Da steht Jessie und hält ein hellbraunes Pferd am Zügel.
„Äh", macht Jan.
„Am besten nehmt ihr Bastian und Apollo", sagt Jessie. „Die sind noch frei und gut für Anfänger, weil sie wirklich lammfromm sind."

„Aber wir wollten doch gar nicht …", fängt Paul an. In diesem Moment kommt Mischa mit einem Apfelschimmel aus dem Stall. Ganz gekonnt schwingt er sich in den Sattel.
Als er seine Freunde neben Jessie stehen sieht, fällt er beinahe wieder herunter. Er stottert: „Was macht ihr denn hier?"
Abwechselnd wird er rot und blass.

„Die beiden wollen jetzt auch reiten lernen", erzählt Jessie begeistert.
„Ist das nicht toll?"
„Echt?", fragt Mischa und lächelt erfreut.

„Aber wir haben doch noch nie …", versucht es nun Jan.
Jessie unterbricht ihn: „Das macht überhaupt nichts. Die erste Stunde ist sowieso immer Schnupperstunde zum Ausprobieren. Ich sag schon mal dem Reitlehrer Bescheid. Kannst du solange Taifun halten?" Kurzerhand drückt sie Jan die Zügel in die Hand und rennt davon.

Jan steht stocksteif. Ihm ist ganz komisch zumute. Und wenn sich das Pferd nun losreißt? Doch Taifun steht ganz still.
Vorsichtig streichelt Jan ihn an der Stirn. Taifun steht immer noch still und guckt freundlich. Jan streichelt weiter. Er klopft Taifuns Hals. Er zaust ihm die Mähne.

„Darf ich ihn auch mal halten?", fragt Paul neben ihm.
Jan gibt nur unwillig die Zügel an ihn weiter. Aber da vorne kommt Jessie schon wieder aus dem Stall mit dem Reitlehrer. Sicher wird er ihnen gleich zeigen, wie man auf die Pferde aufsteigt.

Wie der Ritter Wurst in die Dose kam

Es war einmal ein Ritter, der hieß Wulf von Speckenstein und machte seinem Namen alle Ehre. Der Ritter tat nämlich eines für sein Leben gern und das war – essen!

Am Morgen fing es an: Ritter Wulf stand immer sehr früh auf, weil sein knurrender Magen ihn weckte. „Beruhige dich, kleiner Freund", meinte er dann, strich liebevoll über sein rundes Bäuchlein und erhob sich aus den Federn.

Seine Diener waren noch ziemlich verschlafen, aber das nützte ihnen nichts. Sie mussten Frühstück machen, und das war sehr viel Arbeit. Zehn weichgekochte Eier, fünfundzwanzig Brötchen, eine große Schüssel Haferbrei und am Schluss noch ein ganzer Schokoladenkuchen – das alles verspeiste Ritter Wulf.

Denkt bloß nicht, es hätte bis mittags gelangt, oh nein! Als Zwischenimbiss genehmigte sich der Ritter, zwischen zwei Degengefechten übrigens, einen Riesenkartoffelpuffer mit Apfelmus und zwölf Bananen. „Ritter brauchen Vitamine", verkündete er.

Dann kam endlich das Mittagsmahl. Muss ich wirklich alles aufzählen? Nun gut: Es gab einen Topf Leberknödelsuppe als Vorspeise, danach zehn Pfund Spaghetti mit Hackbällchen und zum Nachtisch eine große Schachtel Vanilleeis mit heißen Himbeeren. Das war Ritter Wulfs Leibgericht!

Damit die Nacht nicht zu lang wurde, vertilgte er schließlich kurz vor dem Schlafengehen noch einen Kessel Hirschgulasch und fünfzehn Schokoriegel, jeder so groß wie ein Unterarm.

So ging das Tag für Tag, und es ist nicht schwer zu erraten, was passierte: Ritter Wulf wurde dicker und dicker! Er hatte keine Lust mehr, zu kämpfen. Er nahm an keinem Ritterturnier mehr teil. Er tanzte nur noch sehr selten mit dem schönen Burgfräulein.

„Alles zu anstrengend!", stöhnte Ritter Wulf und verdrückte lieber noch ein, zwei Schwarzwälder Kirschtorten.

Eines Tages jedoch gab es eine große Aufregung im Dorf. Ein gefährlicher Drache mit sieben Köpfen war in den benachbarten Wald eingedrungen und bedrohte nun das Dorf und seine Bewohner.

„Ritter Wulf, Ritter Wulf!", riefen die Leute voller Angst. „Hilf uns! Du musst den schrecklichen Drachen besiegen, sonst passiert etwas Furchtbares!"

Schwerfällig hievte sich der dicke Ritter aus dem Bett.

„Hier werde ich gebraucht!", brummte er, denn trotz allem war er ein mutiger Mann geblieben. Als er jedoch in seine Rüstung steigen wollte, merkte er entsetzt, dass sie nicht passte. Ritter Wulf von Speckenstein war einfach zu dick geworden!

„Oh weia! Was machen wir denn jetzt?", schrien alle Dorfbewohner.

„Holt schnell eine andere Rüstung. Ein Ritter ohne Rüstung kann

nicht kämpfen!" Aber wie viele Rüstungen sie auch herbeischleppten, alle waren zu klein und zu eng.

Der Blechschmied schließlich hatte die rettende Idee. „Ich mache ihm eine neue Rüstung. Die wird passen!"

Die neue Rüstung sah aus wie eine sehr groß geratene Dose, in die schlüpfte Ritter Wulf hinein, und nur der Kopf und die Arme schauten heraus.

„Der Helm und die Handschuhe passen zum Glück ja noch", sagte Wulf und zog in den Kampf.

Als der Drache den Ritter sah, schaute er einmal, und zweimal – dreimal, viermal, fünfmal, sechsmal und siebenmal, und dann brach er in ein fürchterliches Gelächter aus und konnte gar nicht mehr damit aufhören.

Könnt ihr euch vorstellen, wie das klingt, wenn sieben Drachenköpfe auf einmal lachen? Jedenfalls lachte sich der Drache tot, noch ehe der tapfere Ritter sein Schwert gezückt hatte.

Unter tosendem Jubel zog Ritter Wulf schließlich in das Dorf ein und ließ sich prächtig feiern.

Zeit seines Lebens war der Ritter berühmt, und nach seinem Tod wurde sein Drachenabenteuer von vielen Minnesängern besungen. Einmal versang sich so ein Minnesänger und sang statt Ritter Wulf Ritter Wurst, und irgendwann blieb es dabei, und nun wisst ihr endlich, wie der Ritter Wurst in die Dose kam!

Wettlauf auf dem Eis

Im Winter vertreiben sich die Wikingerkinder die Zeit auf dem zugefrorenen Weiher. Sie binden sich Tierknochen als Schlittschuhe an die Füße und laufen auf dem Eis um die Wette.
Heute wollen sie in zwei Mannschaften gegeneinander antreten.
Olaf und Aki wählen sie aus.
„Hedda kommt zu mir", ruft Olaf.
„Und Ingolf zu mir", bestimmt Aki.
Schließlich ist nur noch Olafs Bruder Magnus übrig.
„Und ich?", fragt er.
„Du bist noch zu klein", weist Olaf ihn zurück.
„Du darfst nicht mitmachen."
Wütend stapft Magnus durch den Schnee davon.
Wenn die Männer auf ihre Raubzüge gehen und er will mitkämpfen, dann ist er zu klein dafür. Wenn sie mit dem Drachenschiff zu fremden Ländern aufbrechen und er will mitsegeln, dann ist er zu klein dafür. Und nun soll er sogar zum Schlittschuh laufen zu klein sein? Aber er wird Olaf schon noch beweisen, dass er das kann!

Am nächsten Morgen ist es noch dunkel, als Magnus aufwacht. Die Nächte sind lang im Winter, und alle anderen aus der Familie schlafen noch. Leise tastet Magnus nach den Schlittschuhen unter seiner Schlafbank und schlüpft nach draußen. Vor dem Haus lauscht er einen Moment, aber es bleibt still. Niemand hat ihn gehört. Eingemummelt in seine warme Fellkleidung läuft Magnus zum Weiher. Die Luft ist so kalt, dass sein Atem kleine Wölkchen bildet. Er bindet sich die Schlittschuhe an die Füße und macht den ersten Schritt. Dann noch einen und noch einen, und schon läuft er in

Windeseile über das Eis. Immer hin und her, von einem Ufer zum anderen. Die ersten Sonnenstrahlen zeigen sich am Nachthimmel. Magnus bleibt keuchend stehen. Für heute hat er genug geübt. Schnell rafft er einen großen Armvoll Schnee zusammen und rennt zum Haus zurück. Inzwischen sind auch die anderen aus der Familie alle aufgestanden. Die Mutter hat Magnus schon vermisst.
„Wo warst du denn?", fragt sie beunruhigt.
„Ich habe nur Schnee geholt, damit wir Wasser machen können", antwortet Magnus schnell.
„Sehr schön", lobt ihn die Mutter. Sie schüttet den Schnee in den Topf, der über dem Feuer hängt, und sofort beginnt er zu schmelzen. Nun hat die Familie Trinkwasser. Auch Magnus ist zufrieden. Seine Beine tun ihm zwar weh vom vielen Eislaufen, aber das macht nichts. Er wird es Olaf und seinen Freunden schon zeigen!
Doch als die Kinder später wieder zusammen aufs Eis gehen, merkt Magnus sofort, dass sein Training gar nichts genutzt hat. Olaf und seine Freunde sausen viel schneller über das Eis als er. Kein Wunder, sie haben ja auch viel längere Beine.
Auf dem Heimweg trampelt Magnus vor Zorn den Schnee platt.
„Ich will so groß sein wie Olaf", wütet er. Aber mit jedem Tag, den Magnus älter und größer wird, wird ja auch sein Bruder älter und größer. Wenn es nur irgendeinen Trick gäbe, wie er ihn trotzdem einholen könnte!

Zu Hause ist der Vater gerade dabei, sein Schwert zu schärfen. „Feinde, nehmt euch in Acht!", ruft er und schwingt das Schwert durch die Luft. Die Schneide blinkt gefährlich. Magnus hockt sich neben den Vater und schaut ihm zu.

So wie man ein Schwert schneidiger machen kann, so müsste man auch Schlittschuhe schneller machen können! Vielleicht muss man sie dazu ja auch nur schärfen? Genau wie das Schwert?

„Papa, kann man auch Knochen schärfen?", fragt er.

Der Vater nickt. „Ja, mit diesem Messer hier."

Aufgeregt sieht Magnus zu, wie der Vater sein Messer nimmt und damit über die Knochen der Schlittschuhe fährt, bis sie fast so spitz und scharf sind wie das Schwert.

„Aber nichts Olaf erzählen, Papa!", beschwört Magnus ihn.

„Nein, nein, das bleibt unser Geheimnis", versichert der Vater.

„Danke, Papa!", ruft Magnus und stürmt hinaus. „Olaf, Aki, nehmt euch in Acht!"

Am Weiher wollen die Kinder gerade einen neuen Wettlauf beginnen. Immer zwei treten gegeneinander an.

Magnus stellt sich vor Olaf und reckt das Kinn: „Ich will gegen dich laufen."

„Dazu bist du noch zu klein", sagt Aki wieder.

Aber Olaf meint lachend: „Also gut, von mir aus. Das wird wenigstens ein leichter Sieg."

Die beiden stellen sich nebeneinander am Ende des Weihers auf. Die anderen Kinder scharen sich um sie. Und dann – auf die Plätze, fertig, los! – jagen Olaf und Magnus übers Eis davon zum gegenüberliegenden Ufer.

Olaf macht mit seinen langen Beinen Riesenschritte. Er dreht sich gar nicht nach Magnus um, so überzeugt ist er, dass er ihn abgehängt hat. Hinter sich hört er die anderen Kinder schreien. Bestimmt sind sie von seinem schnellen Lauf begeistert. Noch ein paar Schritte und er hat gewonnen! Doch da saust wie ein Blitz Magnus an ihm vorbei.

Vor Überraschung stolpert Olaf beinahe über seine eigenen Füße. Geht das mit rechten Dingen zu? Magnus hat kurze Beine und macht auch kurze Schritte. Und trotzdem gleitet er viel schneller übers Eis als Olaf.
„Gewonnen!", schreit Magnus und schmeißt sich glücklich in den Schnee. Die anderen Kinder jubeln ihm zu.

Nur Olaf zieht ein finsteres Gesicht. Aber dann merkt er, dass er gar nicht richtig böse ist. Nein, er ist sogar stolz auf seinen Bruder. So klein und so schnell, das soll ihm mal einer nachmachen!
„Wie hast du das nur geschafft?", fragt er neugierig.
Aber Magnus verrät nichts. Dass Papa die Knochen mit seinem Messer scharf geschliffen hat, und dass scharfe Knochen viel schneller übers Eis gleiten, das bleibt Papas und sein Geheimnis.

Jonas und der Feuerwehrelefant

Heute regnet es schon den ganzen Tag. Stürmisch fegt der Wind um die Ecken und schüttelt die Bäume. Die Fußgänger ducken sich unter dem Regen, der auf ihre Kapuzen und Regenschirme prasselt.
Jedes Mal, wenn ein Auto durch eine Pfütze fährt, spritzt das Wasser so hoch, als würde es von einem dicken Wal ausgespuckt, und die Fußgänger springen erschrocken zur Seite.
Jonas sitzt gemütlich in seinem Kinderzimmer und zählt die Regentropfen an der Fensterscheibe. Ein paar Tausend hat er schon gezählt, mindestens. Vielleicht sogar eine Million.
„Regnet es immer noch?", fragt Mama, als sie ins Zimmer kommt.
Jonas nickt. Mist, jetzt hat er sich verzählt!
„Wir müssen noch einkaufen gehen." Mama seufzt. „Wir haben keine Milch mehr."
„Macht doch nichts", meint Jonas.
Mama hebt einen Teddy auf und setzt ihn zurück ins Regal.
„Macht doch was", sagt sie. „Wir wollen heute Milchreis essen. Und Milchreis ohne Milch geht nicht."
Hm, das stimmt, denkt Jonas. Er unterbricht seine Regentropfenzählerei und springt von der Fensterbank.
„Zieh deinen Regenanzug an", sagt Mama zu ihm. „Und die Gummistiefel."

Mama sieht gar nicht glücklich aus, und Jonas weiß auch, warum: Sie mag keine Pfützen. Ganz im Gegensatz zu ihm. Jonas liebt Pfützen über alles. Je tiefer, umso besser. Richtig schön spritzen muss das, wenn man mit beiden Füßen gleichzeitig reinspringt. Er zieht seinen Regenanzug an, setzt die Kapuze auf und steigt in seine Gummistiefel. Die sind nagelneu und knallblau. Und außerdem – das ist das Allerbeste überhaupt – kleben auf beiden Seiten klitzekleine rote Feuerwehrautos. Feuerwehrautos sind fast so toll wie Pfützen, findet Jonas. Vielleicht sogar noch toller.
Draußen wird er vom Wind fast umgepustet. Mama nimmt schnell seine Hand, aber dann muss sie wieder loslassen, weil ihr Regenschirm beinahe wegfliegt und sie beide Hände braucht, um ihn festzuhalten. Jonas läuft voraus und hüpft in die erste Pfütze, die ihm unter die Stiefel kommt.

Aber die ist viel zu klein und spritzt gar nicht richtig. Auch die zweite ist nicht so toll. Jonas lugt unter der Kapuze hervor. Er sieht, dass die besten und tiefsten Pfützen auf der Straße sind. Aber da fahren lauter Autos und Laster.

„So'n doofer Mist!", brummt er so leise, dass Mama es nicht hören kann.

Plötzlich bleibt Mama stehen. Jonas sieht auch gleich, warum: Vor ihnen, ganz am Ende der Straße zwischen dem Supermarkt und der Sparkasse, steht ein Feuerwehrauto.

Ein richtiges Feuerwehrauto, genau so eins wie auf seinen Gummistiefeln.

„Was ist denn da los?", fragt Mama.

„Es brennt", sagt Jonas. Logisch brennt es, denkt er. Warum kommt denn wohl sonst ein Feuerwehrauto, wenn's nicht irgendwo brennt? Er bekommt ein bisschen Angst. Feuer findet er gar nicht gut, schon gar nicht so in der Nähe. Am liebsten würde er wieder umdrehen. Aber da sagt Mama: „Nein, das glaub ich nicht. Man riecht doch gar nichts, kein Rauch und kein Feuer, und außerdem ist alles pitschnass. Wie soll es da brennen?"

„Stimmt", murmelt Jonas. Er reckt den Hals, um besser sehen zu können. Neben dem Feuerwehrauto stehen mehrere Feuerwehrmänner. Sie holen ein merkwürdiges Gerät aus dem Wagen und stellen es auf die Straße. Dann ziehen sie einen dicken Schlauch aus dem Feuerwehrauto. In ihren dicken Jacken mit den Reflektorstreifen, den schweren Stiefeln und mit den hellen Helmen auf den Köpfen sehen die Männer alle gleich aus. Aber einer scheint das Sagen zu haben. „Zwei Männer an den Schlauch!", ruft er. Herr Pauli, ein Nachbar, bleibt neben Jonas und Mama stehen. „Da steht ein Keller unter Wasser", erzählt er. „Die Gullys konnten das Regenwasser nicht mehr aufnehmen. Jetzt muss die Feuerwehr die Riesenpfütze abpumpen." Jonas reißt die Augen auf. Eine Riesenpfütze? Das klingt ja fast zu schön, um wahr zu sein!

Wie gerne würde er da mal reinspringen, mit Anlauf natürlich.
Er macht ein paar Schritte nach vorn, damit ihm ja nichts entgeht.
Die Feuerwehr hat inzwischen die Straße abgesperrt. Zwei
Feuerwehrmänner schließen einen Schlauch an ein Ding, das
aussieht wie ein Motor auf Schienen.
„Das ist eine Motorpumpe", erklärt Herr Pauli.
„Wir müssen langsam weiter, Jonas", sagt Mama von der anderen
Seite. „Komm."
Jonas kann den Blick nicht von der Pumpe
nehmen. Das ist viel zu spannend! „Kann ich nicht
hierbleiben?", fragt er. „Und zugucken?"
Mama zögert ein bisschen, aber als Herr Pauli verspricht,
dass er auf Jonas aufpasst, ist sie einverstanden.
„Du bleibst hier stehen und rührst dich nicht vom
Fleck, verstanden?", sagt sie zu Jonas. „Ich bin
gleich wieder da."

Der nickt nur: „Ja, ja." Als Mama weg ist, geht Jonas noch einen winzig kleinen Schritt näher heran.

Ein Feuerwehrmann rollt den Schlauch ab, zieht ihn zu einem offenen Kellerfenster und schiebt ihn hinein.

Da muss die Riesenpfütze drin sein, denkt Jonas. Oh Mann!

Ein anderer Feuerwehrmann schließt einen zweiten Schlauch an und zieht ihn bis zu einem Loch in der Straße.

Vom Radfahren weiß Jonas, dass da sonst ein runder Kanaldeckel liegt, aber den hat der Feuerwehrmann zur Seite geschoben.

„Das Wasser wird direkt in die Kanalisation gepumpt", erklärt Herr Pauli. „Schlürf und weg!"

„Schlürf und weg", wiederholt Jonas und grinst. Mannomann!

Als ein Feuerwehrmann an einer Reißleine zieht, springt die Pumpe an. Sie macht einen solchen Radau, dass Jonas einen großen Schritt rückwärts macht. Außerdem stinkt es nach Abgasen.

„Diesel", sagt Herr Pauli nur.

Jonas nickt. Und dann sieht er, wie der platte Schlauch langsam dick und rund wird, bis er aussieht wie ein Elefantenrüssel.

Es dauert ziemlich lange, bis der Keller leer gepumpt ist. Aber das macht nichts. Jonas findet es total spannend und kein bisschen langweilig.

Er kichert leise, als er sich vorstellt, dass ein echter Elefant die Riesenpfütze mit seinem Rüssel aufschlürft. Ein Feuerwehrelefant!

Natürlich müsste er feuerwehrrot sein, der Elefant, und ein Blaulicht auf dem Kopf haben und –

„Hallo, Jonas. Da bin ich wieder." Eine Hand streicht über seine Kapuze.

„Mensch, Mama!", sagt Jonas erschrocken. „Du kommst viel zu früh! Der Feuerwehrelefant ist noch gar nicht fertig!"

„Der Feuerwehrelefant?" Mama und Herr Pauli wechseln einen belustigten Blick. Herr Pauli zeigt auf die Pumpe.

„Ich glaube", sagt er, „der Feuerwehrelefant hat für heute genug getrunken. Siehst du?"

Die Feuerwehrmänner rollen die Schläuche schon wieder auf. Die Pumpe blubbert ein letztes Mal, dann geht sie aus. Alles wird wieder im Feuerwehrwagen verstaut. Auch die Straßenabsperrung wird abgebaut. Jonas staunt, wie schnell das geht. Er verabschiedet sich von Herrn Pauli.

Auf dem Nachhauseweg hüpft er in ein paar schöne, tiefe Pfützen. Schlürf und weg, denkt er, als es nur so spritzt.

• Noch mehr Vorlesespaß •

Von Drachen, Rittern und Piraten
ISBN 978-3-480-22109-7

Entdecker, Forscher, Abenteurer
ISBN 978-3-480-22514-9

Kleine Feder, großer Bär
ISBN 978-3-480-22352-7

Einmal rund ums ganze Jahr
ISBN 978-3-480-22757-0